珈琲にまつわる言葉を
イラストと豆知識でほっこり読み解く

コーヒー語辞典

第2版

著 山本加奈子

監修 村澤 智之

誠文堂新光社

はじめに

皆さんはどんな時にコーヒーを飲みますか？

朝食の時、仕事や勉強のお供、もっぱらカフェで…。

栄養上無くても生きてはいけるけど、あるとなんだかほっとする、

それでいてやたらと奥が深いコーヒーの世界。

そんなコーヒーに関する単語を辞典形式にまとめました。

コーヒーを飲んでいてふと、気になる言葉があった時、

ぱらりとめくっていただければ幸いです。

どうぞごゆっくりご覧ください。

この本の見方と楽しみ方

ことばの見方 50音順に「飲み方」「道具」「国」などの
コーヒーにまつわる言葉を配列しています。

例→

アイリッシュコーヒー [Irish coffee]

温めたグラスにザラメを入れアイリッシュウ
イスキーを入れる。コーヒーを注ぎホイップ
クリームを浮かせた温かいカクテル

いえろーぶるぼんしゅ
【イエローブルボン種】

黄色くなるブルボン種のこと。ブラジルのス
ペシャルティコーヒーでよく見られる品種
で、アプリコットを思わせるフルーティな甘
味と柔らかな苦味が特徴。

読み方・名称

ひらがな、もしくはカタカナで表記。
国名はカタカナ＋漢字、企業名や商品名は
漢字の上にルビがふってあります。

【 】内表記

名称がひらがなの場合は漢字
（もしくは漢字＋カタカナ）、
カタカナの場合は英語
（もしくはその他の言語）で記載しています。

コロンビア共和国
【Republic of Colombia】

南アメリカ北西部にある国で世界3位のコー
ヒー生産量を誇る。意外にも歴史は浅く、栽
培が始まったのはここ100年といわれ、小
規模農家が主流。産地がアンデス山脈の山奥
に集中しており、急斜面のため作業は手作業
を中心としている。赤道付近に位置するため、
年に2回収穫期がある。

日本スペシャルティコーヒー協会

2003年に設立された団体でスペシャルティ
コーヒーの認識、理解を高め、その啓蒙をは
かり、スペシャルティコーヒーの消費拡大を
目指している。「ジャパン・バリスタ・チャン
ピオンシップ」を中心とした競技会の開催や
展示会・セミナーなどを開催している。略称
SCAJ。

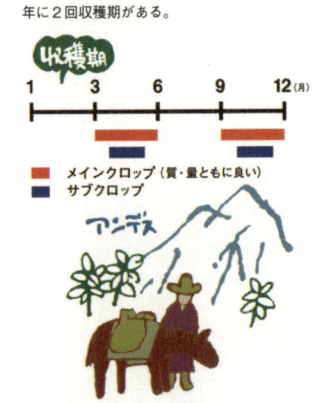

読み解き方

コーヒーに関して何か気になった言葉があれば
その頭文字から該当のページを探してください。

1…コーヒーの知識を深める

「ハニープロセス？」「クレマ？」お店でコーヒーを頼むとき、
ふと疑問に思ったことはありませんか？
そんなときは、ぜひこの本で調べてみてください。

2…コーヒーの意外な一面を知る

昔から様々な人に愛されてきたコーヒー。
そんなコーヒー好きな人たちも多く掲載しています。
古今東西、コーヒー好きの偉人や文化人たちが
どんなふうにコーヒーに親しんできたか、
新たなコーヒースタイルの発見にもつながるかもしれません。

3…自由に楽しむ

毎日コーヒーを飲むように、
ときどきぱらっとめくってみてください。
どこから読んでも、どこでやめても大丈夫。
思わぬ単語がコーヒーの世界を広げてくれるかも。

インデックスについて

巻末（196P）にコーヒー関係の道具を
逆引きするページを設けました。
「この道具にはどんな特徴があるだろう？」
そんな時にこちらを使ってみてください。

目次

CONTENTS

か行

1杯のコーヒーには40年の歴史がある。（トルコ）

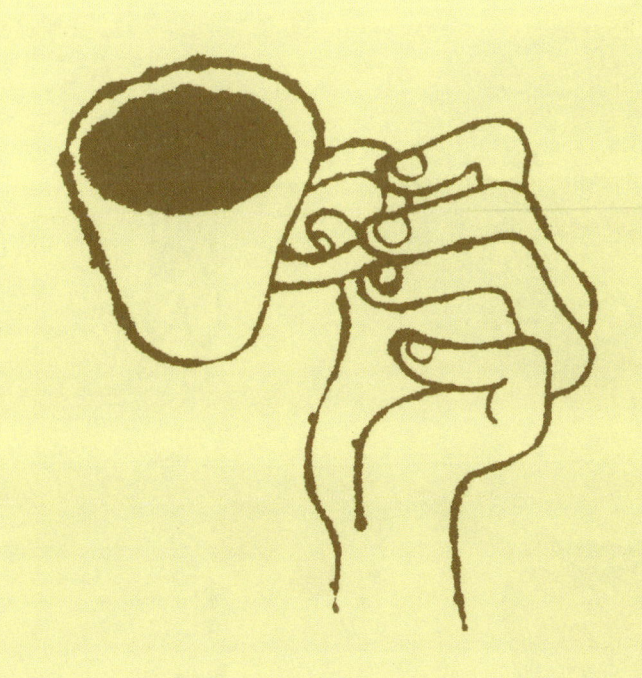

コーヒーの歴史

1 時は13世紀
エチオピアにて。

2 山羊飼い少年・カルディが
広原に山羊を放し飼い
したところ……、

3 広原になっていた、
コーヒーの実を食べた山羊が
興奮して夜、眠れなくなってしまった。

4 心配したカルディが
牧師に相談。

かくかく
しかじか

5 共にコーヒーの赤い実を
食べてみたところ、
元気がでたため
以後、イスラム教徒の
秘薬として飲まれることに。

すりつぶした実を

団子にしたり

実を不申にしたり

煮て → そのまま食べたり

6 その後アラビア半島にも渡り…

7 15世紀には焙煎を発見、コーヒー豆を粉砕し煮出して上澄みを飲む「トルココーヒー」も飲まれるようになる。

セラミック＆道心

8 17世紀にはヨーロッパに伝わり、大人気となり、豆不足に陥る。

1640
1630
1670
1644
1615

9 ヨーロッパではコーヒーを栽培できないため、各国こぞって植民地での栽培を開始。

Bon
good
Buono

10 またイギリスを筆頭にウィーン、パリなど
各地にコーヒーハウス、カフェが開店。
アルコールに代わる飲み物として定着。
静かに議論する場として瞬く間に人気になり
次第に情報発信の場となっていった。

11 18世紀に入り、産業革命が起こり
様々な抽出器具も発明された。

コーヒーは「頭の働きを良く
し、眠気を覚まし、病気に
効果あり」と宣伝された。

12
ところ変わって…
日本には江戸初期、
長崎の出島から伝わったと言われ、
最初はなかなかなじめず、
商人や役人、遊女などの
一部でのみ飲まれていた。

13 最初のうちコーヒーは
日本人に受け入れられなかったが、
明治に入って西洋人と
積極的に付き合いはじめたことにより
少しずつ広まっていった。
また、1888年には日本で最初の喫茶店
「可否茶館」が開店。
広く人々に普及していった。

14 19世紀に入り戦争中の一時期
コーヒーの輸入が禁止されるが終戦後、再開。
輸入の自由化が始まり、コーヒーブームとなる。

15

20世紀後半にはシアトル系カフェの参入。
21世紀には豆や淹れ方など
細部までこだわった、新しい文化も生まれ
コーヒーの世界は常に進化し続けている。

もう1つのコーヒーの歴史

時は13世紀、イエメンにて、僧侶の
シーク・オマルが無実の罪で国を追放
されたが、広原で赤い実をついばむ小
鳥を発見。その実を煮出して飲んだと
ころ、力が沸いてきたため、病人など
に処方し、罪を取り消されたという。

コーヒーの栽培

コーヒーを栽培するには
「太陽」「雨」「温度」「土質」が必要。
その1つが欠けても
実をつけることができない。
また、収穫までに3～5年と
長い年月がかかる。

種子
苗床にパーチメントに
包まれた状態の
種を蒔く。

発芽
約30～50日で発芽する。

温度
平均15～20℃が理想。
0℃以下になると生育不能に。

太陽
アラビカ種は直射日光を嫌うため
シェードツリーや霧などで
遮る工夫がされている。
カネフォラ種は直射日光でもOK。

雨
年間約1200～1600mlの水を必要とし、
特に開花後は不足すると
収穫量に影響が出ることも。

シェードツリー
コーヒーの木を直射日光や
風から守るために植えられる
背の高い木のこと。
落ち葉が堆肥になることも。

標高
アラビカ種
標高1000～2000m
以上が理想。
標高が高いほど
味の特徴が出やすい。

カネフォラ種
1000m以下でも
栽培できる。

受粉
風や虫によって
行われる。
アラビカ種は
自家受粉、
カネフォラ種は
他家受粉である。

生育

5〜6カ月で畑に植え替え、
成長し3〜5年ほどすると
花を咲かせるようになる。

花

乾期の終了後に降る雨
ブロッサムシャワー、
この雨を合図に一斉に開花。
3、4日で枯れてしまうが、
ジャスミンのような
甘い香りの花を咲かせる。

実

花が枯れて7カ月ほどで
グリーンの実がなり、
その後赤や黄色に完熟する。

収穫

コーヒーの木1本につき約3kgの
コーヒーチェリーが収穫できる。
生豆でおよそ500g、焙煎豆で400g、
レギュラーコーヒー約40杯分となる。

×40

コーヒーの生産処理から流通まで

1 チェリーの収穫

コーヒーチェリーが赤く熟しはじめたら
摘み取り作業の開始時期。
完熟したもののみを選別し
人の手で丁寧に摘み取るハンドピック、
枝ごと削ぎ取るスリッピング、
機械の振動で落とす方法などがある。
この時期は人手がたくさん必要なため、
別の国から出稼ぎに来る人も。

高い山の斜面など、
機械が入れない場所は
ハンドピックでなければ
採取できない。

大変な場所に
良いコーヒーも
多いのです！

農園ごとに異なるが
1籠ごと買い取るケースが多く、
摘み取り作業が早く上手な人ほど
多く給料がもらえる。
出稼ぎ労働者のほとんどは
その日払いを希望することが多く
農家側はコーヒーが売れるまで
収入がほとんどないため、
苦しい時期でもある。

目利きの人の豆は
高値がつくことも…

スリッピングや機械で
一気に摘み取ったものは、
未成熟の豆も混在しているため
水に漬けたり人の手によって
取り除かれる。

比重選別

虫食い豆や未熟豆は
水に浮く。

沈んだチェリーにも
未熟の豆があるので
次の工程で取り除かれる。

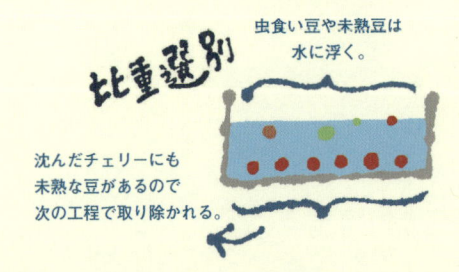

18

2 チェリーの精製

摘み取ったチェリーは果肉を取り除き、
生豆にする必要がある。
生産地の環境によって精製方法は様々、
その精製方法によっても
味の特徴は大きく変わってくる。

ウォッシュト

収穫したチェリーを
パルパー（果肉除去機）にかけ、
パーチメントの状態にする。
パーチメントに付着している
ミューシレージ（ぬめり）を取るため、
水槽に一晩漬け置き、発酵させ水洗いする方法。
クリーンな味に仕上がるのが特徴。

パルパーはおろし金状のドラムを回転
させ果肉を削り取る方法と、金属の円
盤で挟んで取り除く方法がある。

ニューシレージを除去

手動式！

セミウォッシュト

ウォッシュトの果肉除去の際に
パーチメントも同時に取り除き
作業工程を簡略化した方法。
仕上がりはウォッシュトとほぼ変わらず
環境への負担が軽減される。

ぬめりの割合で、
甘さも変わります。

ナチュラル

チェリーを収穫後に天日や風で乾燥させ、
一度で果肉を脱穀する方法。
水の少ない産地でよく用いられる方法で、
コクがあり濃厚な味わいの豆になるのが特徴。

均一に陽が当たるように何度も混ぜます

天日乾燥

コンクリートやレンガでできたパティオ（乾燥場）や
ビニールシートの上にチェリーを広げ乾燥させる。

熱風乾燥

ドライヤーで熱風を当て
乾燥させる方法。
短時間で乾かせる。

アフリカンベッド

網を張り、その上で
チェリーを乾燥させる。
下からも風があたり、
均一に乾燥できる。

その後乾かす

乾燥したチェリーを
一気に脱穀する。

パルプトナチュラル

パルパーで果肉を取り除き、
ミューシレージがついたままの
状態で乾燥させる方法。
別名ハニーコーヒーと呼ばれ、
甘みが増すのが特徴。

スマトラ式

スマトラの小規模農家でのみ
行われている精製方法で、
パーチメントの付着した状態で
1日ほど乾燥、脱穀し
生乾きの生豆を再度乾燥させる方法。
水分コントロールが必要だが、
独特の風味を出すことができる。

3 コーヒー豆の流通

収穫されたチェリーは一部小規模生産者を除いて、仲介業者や精製工場、農協、輸出業者などに売られ、その後輸入業者や問屋、焙煎業者を経て私たちのもとへと届く。

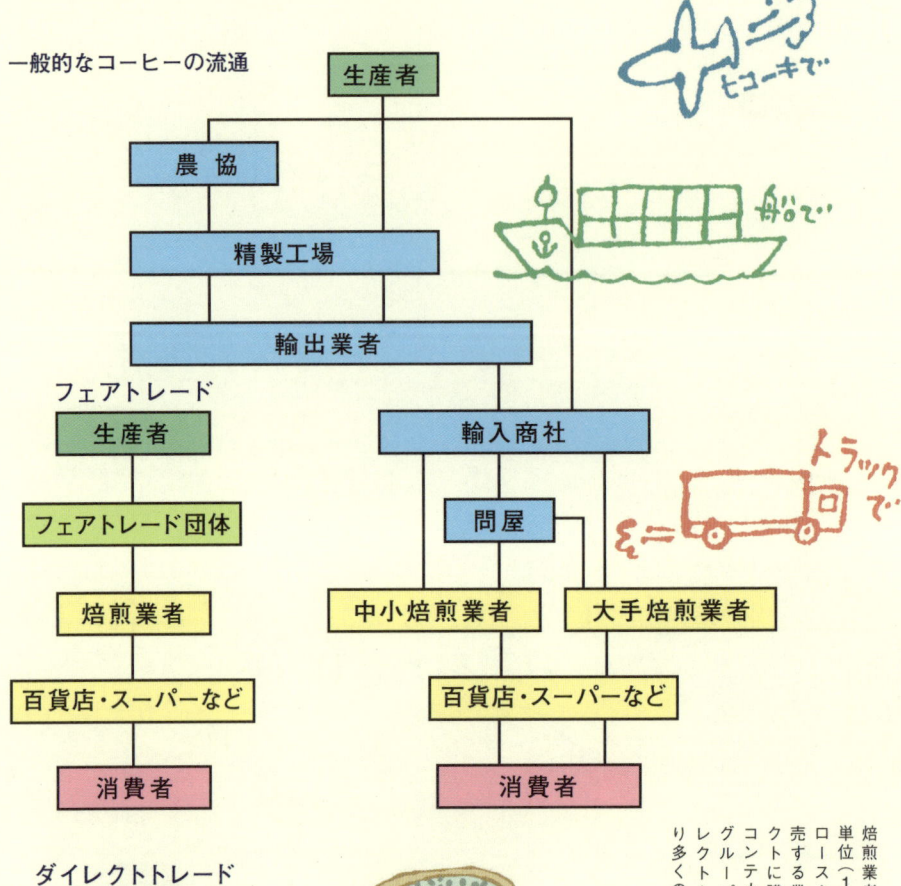

一般的なコーヒーの流通

生産者 → 農協 → 精製工場 → 輸出業者 → 輸入商社

フェアトレード

生産者 → フェアトレード団体 → 焙煎業者 → 百貨店・スーパーなど → 消費者

輸入商社 → 問屋 → 中小焙煎業者 / 大手焙煎業者 → 百貨店・スーパーなど → 消費者

ダイレクトトレード

生産者 → 焙煎業者 → 百貨店・スーパーなど → 消費者

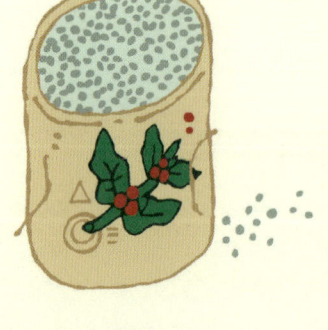

焙煎業者が生豆を購入する場合は基本的に麻袋単位（1袋60〜70kg）で購入。最近は若い小規模のロースターが増えたため、もっと少ない量で販売する業者も出てきたとか。生産者からダイレクトに購入する場合はコンテナ単位が基本。1コンテナ20tあるため、共同購入という形をとるグループが多い。また、フェアトレード、ダイレクトトレードで取引することで、生産者により多くの利益をもたらすことができる。

参考・アタカ通商株式会社 http://www.specialtycoffee.jp

20

コスタリカの農園風景

神奈川県・葉山町にある THE FIVE ☆ BEANS の森嵜さんが
家族でコスタリカの小規模農園を訪れた際の写真。
2週間ほど収穫の手伝いをしながら共に過ごしたそう。
生産地の人たちがとにかく良い顔をしていて、
このコーヒーは絶対美味しい！と感じたそうだ。

手作業での精製風景。

チェリーの摘み取り作業の手伝い。急斜面など、作業が難しいところは熟練者や若い人が活躍しているようだ。

アフリカンベッド。

スペイン語ができる友人を招いて実践的スペイン語を習う妻のめぐるさん。現地ではスペイン語で交流。

De dónde vives?

娘さんと現地のお友達。一緒に収穫の手伝いをしたり、お弁当を食べたり。「2店目を出すなら、行きたい国に出したい！」好奇心旺盛な仲良し家族だ。

THE FIVE ☆ BEANS 森嵜さんのコラムは 195P

豆の基礎知識

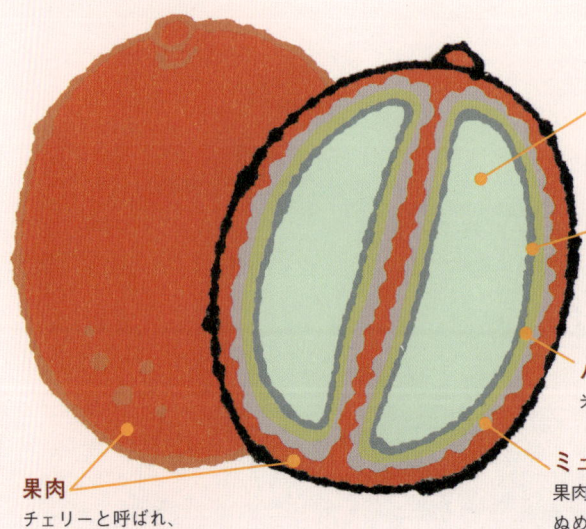

種子
コーヒーの生豆。
加工され、コーヒーとなる。

銀皮
別名シルバースキン。
生豆に付いた状態で輸送されるが、
焙煎時に燃えたり
はがれたりしてしまう。

パーチメント
米でいうところの玄米にあたる部分。

ミューシレージ
果肉を取り除いた後に残る
ぬめりのこと。甘味がある。

果肉
チェリーと呼ばれ、
実は少ないため食用に向かないが、
ほのかな甘味を感じる。

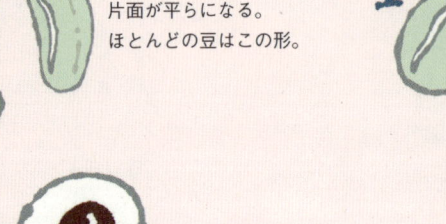

フラットビーン
2つの種子が向き合って
入っているため
片面が平らになる。
ほとんどの豆はこの形。

ピーベリー
片方の種の成長が悪く、
1つの種子のみ
入っている状態。
全体の10%程度で、
丸い形が特徴。

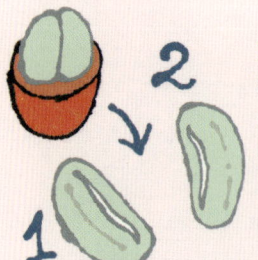

アラビカ種

★主にレギュラーコーヒーに用いられる。
★味は良いが病気に弱く、土壌を選ぶ。
★歴史は古く、世界のコーヒー豆の7割を占めて
　いる。
★豆のサイズは 1.5 〜 2cm ほど。

カネフォラ種

★インスタントや缶コーヒーに用いられる。
★病気や暑さに強く、土壌もあまり選ばない。
★アラビカ種が病気で大打撃を受けた後、
　多く作られるようになった。
★豆のサイズはアラビカ種より小さめ。

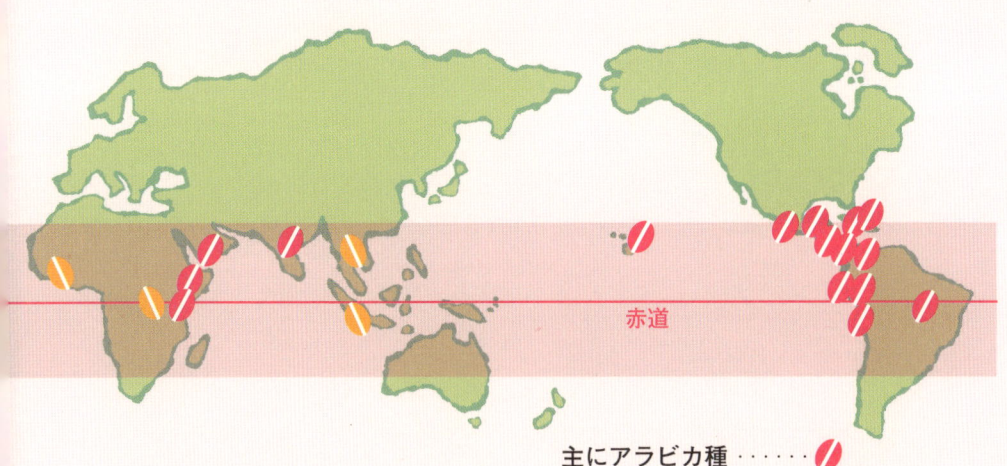

主にアラビカ種 ······
主にカネフォラ種 ····

コーヒーベルトとは

赤道を挟んで北緯・南緯25度でコーヒーの栽培が可能な地域を呼ぶ。日本でも沖縄や小笠原など一部地域で栽培が可能、地球温暖化のため栽培可能地が少しずつ増えてきているとも。日本ではあまりなじみがないが、オーストラリアでも栽培を始める地域が増え、ほとんどが国内で消費されてしまうが、品質はなかなかのよう。また、中国雲南省は農学的に中米と似ているため、雨量の問題さえクリアできれば今後良質なコーヒーの栽培も期待できる。

豆の種類

コーヒー豆はアラビカ種・カネフォラ種のふたつの主な品種から突然変異や交配などにより様々な種類に分類される。種類ごとに特徴があり、品種改良も行われている。

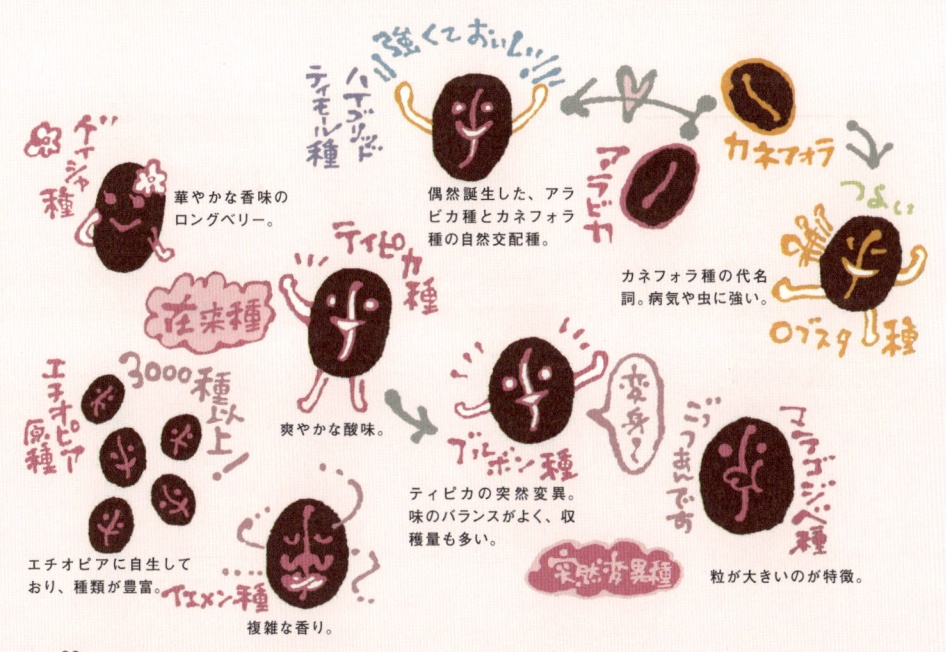

華やかな香味のロングベリー。

偶然誕生した、アラビカ種とカネフォラ種の自然交配種。

カネフォラ種の代名詞。病気や虫に強い。

爽やかな酸味。

ティピカの突然変異。味のバランスがよく、収穫量も多い。

エチオピアに自生しており、種類が豊富。

複雑な香り。

粒が大きいのが特徴。

生産地ごとの味の特徴

大まかな

豆の品種や気候風土によって
様々な味のコーヒー豆が作られる。
国だけでなく、農園ごとにも違いがあるので、
スペシャルティコーヒーを扱うお店などで、
お話ししながら好みの味を探してみよう。

1 エチオピア

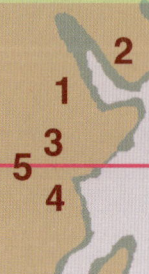

コーヒーの起源。クリーンで特徴的な香味が人気。

2 イエメン

モカが有名。果実やスパイスなど複雑な味わいが特徴。

3 ケニア

しっかりとした酸味とコクのバランスがよい。

4 タンザニア

キリマンジャロが有名。柑橘系の酸味と爽やかな後味。

5 ルワンダ

クリーンでチェリーのような香り。

6 ベトナム

世界2位の生産量。主にカネフォラ種を栽培。

7 インドネシア

コクと苦味と独特の香りをしたマンデリンの産地。

8 ハワイ

人気のコナコーヒー。マイルドで甘く、クリーンな味わい。

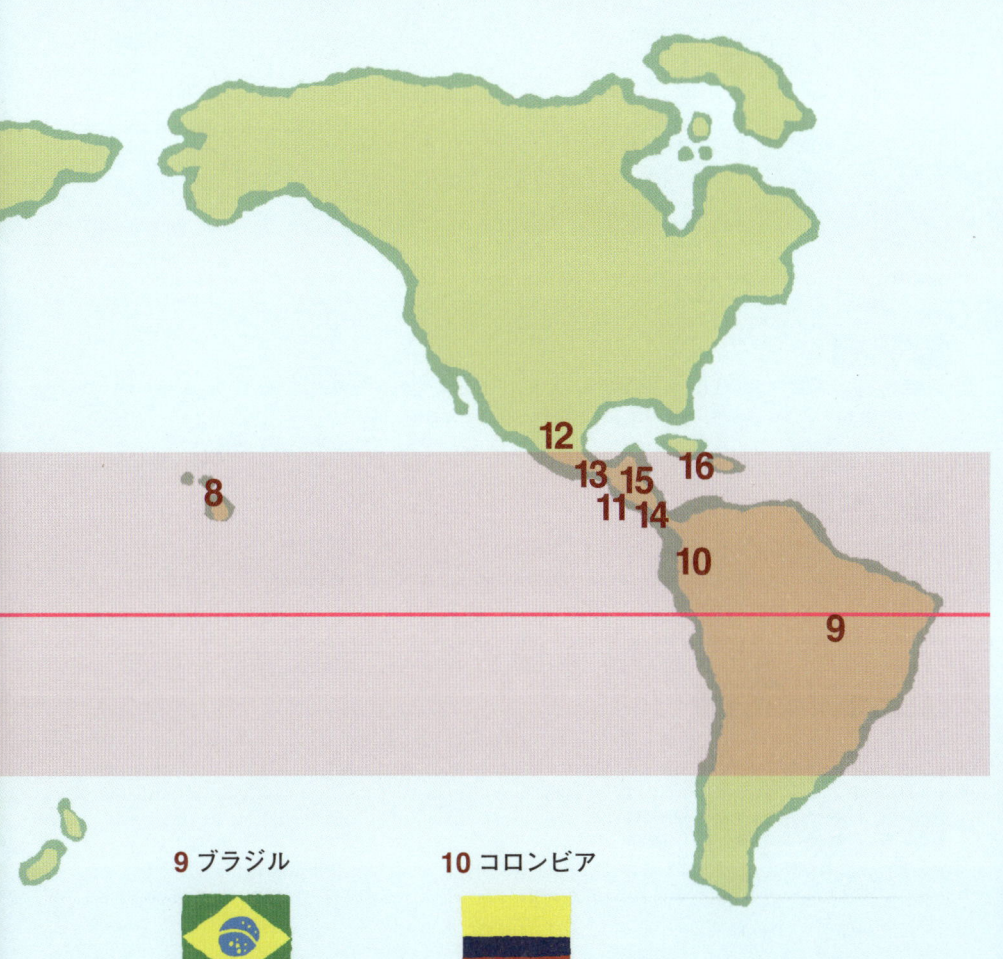

9 ブラジル

世界一の生産量。サントスはマイ
ルドでブレンドにもよく使われる。

10 コロンビア

世界3位の生産量。大粒で甘く
マイルドなコーヒーが多い。

11 エルサルバドル

深いコクと穏やかな酸味。

12 メキシコ

バランスがよく、さっぱりとした
味わい。

13 グアテマラ

明るい酸味と余韻の残る豊かな
香り。

14 パナマ

ゲイシャの産地。華やかな香味
で注目が集まる。

15 コスタリカ

酸味が強く、コクがある。

16 ジャマイカ

ブルーマウンテンの産地。甘く
なめらかな味わい。

コーヒーの等級

コーヒーの価格を決める基準のこと。
国によって基準は異なり、あくまで外見上の等級であるため、
必ずしも「等級が高い＝美味しい」とはいえないが、
市場取引には欠かせない統一規格である。
市場を通さないスペシャルティコーヒーの場合は、
カッピングによる品質チェックが重要視される。

ブラジル

欠点豆や石などの異物の混入量と、スクリーンサイズ、カップ（ヨード臭の有無）によって格付けされる。
混入物が最も少ないものが No.2 と呼ばれ、以降数字が大きくなってゆく。
ちなみに混入物が全くない状態はありえないという定義のため、No.1 は存在しないことになっている。

ハワイ・コナ

豆の大きさと欠点豆の混入量によって格付けされる。
5 等級以下の豆はコナで生産されてもコナ産と名乗ることはできず、その厳密な審査内容は世界一とも。
1 つのチェリーに丸い豆が 1 粒入った「ピーベリー」も大変貴重で、
5 等級とは異なるが、最上級のコナコーヒーといわれている。

標高による等級分け

産地の高度によって等級分けされる。基本的により標高が高いほど品質が良いとされている。
グアテマラやメキシコ、エルサルバドル、コスタリカなどで行われている。

豆のサイズによる等級分け

豆の大小によって等級分けされる。基本的にスクリーンサイズが大きいものほど良いとされている。
コロンビア、タンザニア、ケニア、キューバなどで行われている。

スクリーンサイズ

豆の大きさのこと。等級ごとの大きさの、穴の空いたふるいにかけ、選別する。

20	19	18	17	16	15	14	13
8mm	7.5mm	7mm	6.75mm	6.5mm	6mm	5.5mm	5mm

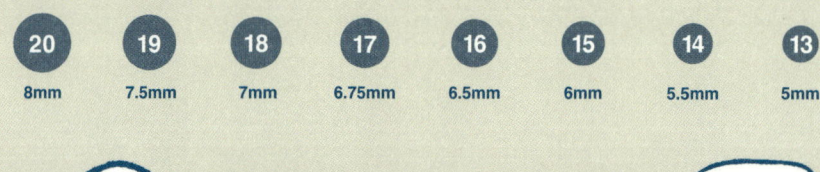

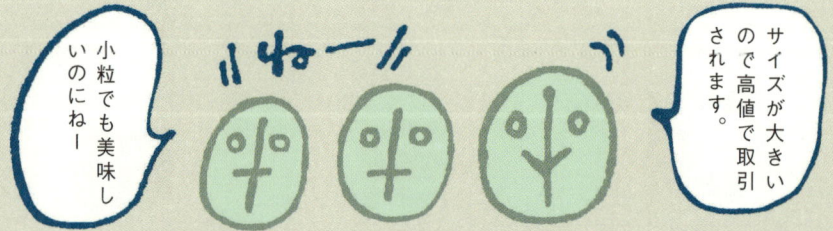

小粒でも美味しいのにねー

ねーっ

サイズが大きいので高値で取引されます。

カッピング

コーヒーの甘みや酸味、透明感など、味や品質を客観的に判断する行為のこと。
コーヒーの味が最もダイレクトに伝わる方法で、
生産地での買い付けの際にも行われ、購入の判断材料になる。
最近ではスペシャルティコーヒーを扱うロースターなどで
ワークショップを行うところも増えてきており、
一般の消費者の間でも広まりつつある。

カッピングの数は3種類〜6種類くらい。最初は3種類くらいがわかりやすい。生産地での買い付けの際には正確に判断するため、同じ豆でも3カップ行う。

用意する道具

- カップ（同じサイズ）
- コーヒー豆（10g）
- 湯（沸騰したもの、180cc）
- カッピングスプーン（なければスープスプーン）
- タイマー
- 水を入れたグラス
- コーヒーを吐き出すグラス

1
カップに挽いたコーヒーを入れ、香り（粉の状態＝ドライ）を嗅ぐ。

2
それぞれのカップに湯を注ぎ、3分待つ。その間に香り（湯を入れた状態＝クラスト）を嗅ぐ。

3
3分経ったらスプーンで3回かき混ぜる。かき混ぜる際の香り（ブレイク）も嗅ぐ。

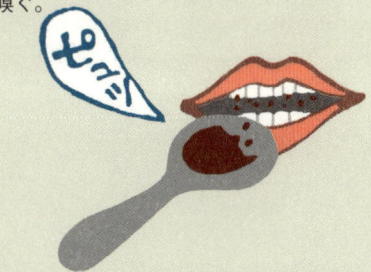

4
上澄みのアクも部分を取り除き、少し冷めたらコーヒーをスプーンですくって、霧状に口に広げる。

5
味を確認したらグラスに吐き出し、使用したスプーンを水で注ぐ。これを数のぶん繰り返し、味の違いを確認する。

コーヒーの飲み方

コーヒーの飲み方、楽しみ方は様々。
いくつか飲み方をご紹介。

ドリップコーヒー

フィルターにコーヒーを入れ、上から熱湯を
注いで濾す方法。家庭でも手軽に淹れること
ができるスタンダードな飲み方。

エスプレッソ

深煎りで細かく挽いたコーヒーを、専用のマ
シンで圧をかけて素早く抽出する方法。エス
プレッソをベースにしたアレンジドリンクも
人気。

アメリカーノ

エスプレッソに湯を加えた飲み物。ドリップ
とは違った味わいで、アイスとしても楽しめ
る。

カフェ・ラテ、カプチーノ

エスプレッソにフォームミルクを加えたもの
で、コーヒーが苦手な人でも飲みやすい。美
しいラテアートも人気。

カフェ・オ・レ
濃いめに淹れたコーヒーにたっぷり牛乳を入れたもの。フランスで好まれる飲み方。

アイスコーヒー
夏場需要が下がることから作られた。意外にも歴史は浅く、あまり飲まれていない国も。

ベトナムコーヒー
コンデンスミルク入りの甘いコーヒー。専用のフィルターで淹れる。アイスにしても美味しい。

トルココーヒー
最も歴史の古い飲み方。コーヒーを小さな鍋で煮出し、上澄みを飲む方法。飲み終わった後に占いをする。

コーヒーの抽出方法

コーヒーの飲み方も色々ならば抽出方法も道具もいろいろ。
同じ豆でも淹れ方によって味に差が出るのも面白い。

フレンチプレス

ドリップ

エスプレッソ

ウォータードリップ

サイフォン

エアロプレス

直火式エスプレッソ

世界のコーヒー事情

国が変わればコーヒーの飲み方や飲む量も変わる。
どこの国でコーヒーが多く作られ、どの国でコーヒーが多く飲まれているのだろうか。

世界のコーヒー生産量

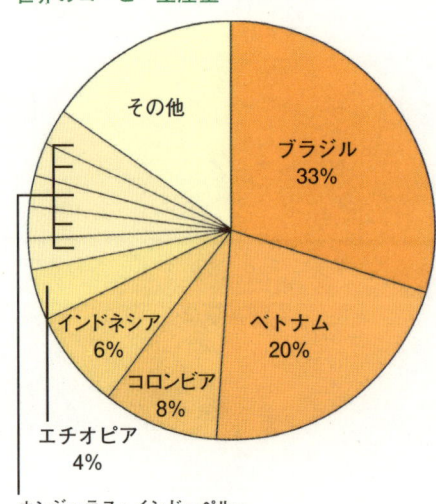

- その他
- ブラジル 33%
- ベトナム 20%
- コロンビア 8%
- インドネシア 6%
- エチオピア 4%
- ホンジュラス・インド・ペルー
  ウガンダ・メキシコ 3%

世界のコーヒー消費量

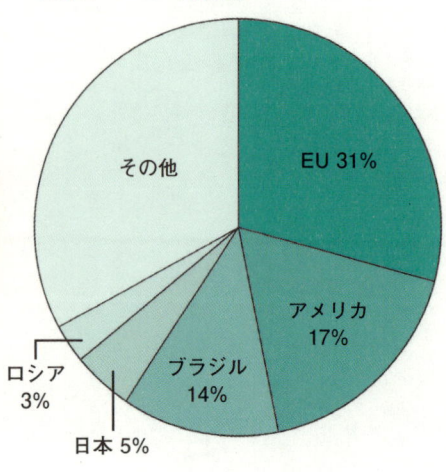

- その他
- EU 31%
- アメリカ 17%
- ブラジル 14%
- 日本 5%
- ロシア 3%

※米農務省（USDA）統計 2014年6月
※全日本コーヒー協会ホームページより

1人あたりの年間コーヒー消費量

税率が低く、近隣国からのまとめ買いが目立つ
ルクセンブルクを除けば上位は北欧諸国で占められる。
レギュラーコーヒー1杯につき10g前後と計算すると、
フィンランドは1人あたり1日3.3杯ほど。
日本は一人あたり1日1杯ほどとなる。
※ICO統計 2014年7月

ルクセンブルク	27.85
フィンランド	12.14
デンマーク	9.38
ノルウェー	9.18
オーストリア	8.86
スイス	8.42
スウェーデン	7.41
ドイツ	6.80
ベルギー	6.75
ブラジル	6.20
⋮	
アメリカ	4.43
日本	3.51 (kg)

とにかくコーヒー大好き北欧

友や家族とコーヒーやオヤツをたべながら過ごす

スウェーデンフィーカ fika

野外でたのしむノルウェー人

コーヒーのおとも

3時のおやつに、食後のデザートに、コーヒーはかかせません。
みなさんは何と一緒にコーヒーを飲むのが好きですか？

パンケーキ

ブームを超えて、もはや殿堂入りの人気スイーツ。クリームやチョコレート、ナッツなどがっつり乗せたり、チーズやハムで食事として食べたり。コーヒーはたっぷりマグカップで飲みたい。

チョコレート

カップの縁にチョコっと乗ってると嬉しくなる。カカオの含有量が多めのハードなチョコレートとブラックコーヒーの組み合わせは仕事や勉強の息抜きにぴったり。

ベーグル

もっちりとした食感と形が愛らしいベーグル。クリームチーズやジャム、コーヒーを持って近所の公園でランチなんて、心が躍る組み合わせ。

あんこ

どら焼き、大福、羊羹etc……和と洋のコラボレーション。コーヒーと食べるなら断然和菓子派は男性を中心に多く見られる。

美味しいコーヒーを淹れるコツ

普段飲んでいるコーヒーが、ちょっとしたコツでより美味しくなることがある。
知っておくとトクする情報をいくつかご紹介。

お湯とコーヒー豆の量について

目安は、お湯 1L に対してコーヒー豆 60 ～ 65g という割合。
フレンチプレスのような、4 分前後お湯に漬けるタイプの淹れ方なら 60g/L、
ハンドドリップのような、お湯を通り抜けさせるタイプの淹れ方なら
65g/L の割合から始めるとやりやすい。
コーヒー 1 杯分（出来上がり 150cc）に換算すると、11 ～ 12g を使う計算。
深煎りの焙煎豆は豆に含まれる水分が少なく
コーヒー豆 1 粒あたりの重さが軽くなっているので、
この数字から 1 割程度少なめにするとちょうどよい。
正確に計量するために、デジタル秤を使うのがオススメ！

1L

65g

浅煎り 10g　　深煎り 10g

スマートフォンに
美味しくコーヒーを淹れるための
アプリもあるとか。
豆や水の分量を計算してくれるなど、
なかなか出来のよいものもあるようで、
探してみても面白い。

保存について

買ってから 2 ～ 3 週間で飲みきれる量を買って、
美味しいうちに飲み切るのがいちばん。
その場合は密封できる容器や袋に入れて、
直射日光の当たらない、温度の安定したところに置いておけば OK。
長期（1 カ月以上）保存する場合は、1 回分を小分けにして密封し、
冷凍庫で保存するのがオススメ。

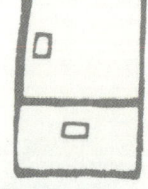

冷凍しても風味は
逃げてしまうので
できるだけ早く飲みきりたい。

コーヒーと愛は熱いときがいちばんである。（ドイツ）

アートピック【artpick】

ラテアートをする際に使用するピック。細描きと太描きがある。

アーモンド【almond】

アジア西南部原産バラ科サクラ属の落葉高木。日本では春に桜に似た花を一斉に咲かせ、夏頃実が熟す。種の中にある仁の部分を食用としている。種類は100種以上あるが、大きく分けると主に食用とされているスイートアーモンド、野生種に近くオイルなどに使用されるビターアーモンドの2つで、スイートアーモンドのみ食用として輸入可能。コーヒーとの相性もよく、スライスや砕いたものをトッピングにしたり、アーモンドシロップなどで風味づけすることもある。

殻付
おぃしぃょ……。

アーモンドミルク【almond milk】

アーモンドを水に浸し、砕いて水を加えて濾したもの。コレステロールゼロで、アンチエイジング効果もバツグン。コーヒーに入れるとそのままでアーモンドフレーバーに。

アイスコーヒー【ice coffee】

冷たいコーヒーのこと。濃いめに淹れたコーヒーを氷で冷やす方法や水出しなど作り方は様々。始まりはアルジェリアに駐留していたフランスの植民地部隊が国境そばのマザグランで冷たくしたコーヒーに甘味をつけ、酒などで割って飲み始めたのが始まりとされている。コーヒーの消費が落ちる夏場の対策の1つとして売り出されたが、定着していない国も多いよう。

アイリッシュコーヒー【irish coffee】

温めたグラスにザラメを入れアイリッシュウイスキーを入れる。コーヒーを注ぎホイップクリームを浮かせた温かいカクテル

アインシュペナー【einspänner】

カップにやや深煎りのコーヒーを入れ、ホイップクリームを浮かせた飲み物で、いわゆるウィンナーコーヒー。ザッハトルテ用の生クリームをコーヒーに浮かべたのが始まりとされていて、クリームの膜で冷めにくくなったコーヒーを御者が暖をとるため飲んでいたことから、アインシュペナー＝一頭だての馬車と名づけられたとか。

アウトドア【outdoor】

屋外で行う活動のこと。キャンプや登山、スキー、サーフィン、釣りなどが挙げられる。空気の美味しい自然の中で飲むコーヒーは大変美味しく、野外で活躍しそうなコーヒー機器も様々。

13coffee の阿部さん。のんびりした人柄でありながら、時々鋭い癒し系。野外でコーヒーを淹れたり、燻製を作ったり。

bambooshoots さん主催のハイキングツアーでの1コマ。こちらは山頂でラテを淹れている様子。みんなで山に登って、頂上でコーヒーを飲むと、自然と心が開けてくるから不思議。年4回ほど開催されるツアーは誰でも参加可能。山頂でのコーヒータイムはほぼ恒例となっている。
http://www.bambooshoots.co.jp

野外人気はエアロプレス！

現役ボートレーサーの中村さん。18歳でコーヒーに目覚めてから、レースのない期間は野外でもコーヒーを楽しんでいる。

あかいあしゅ【アカイア種】

ブルボン種とティピカ種の自然交配から生まれたムンド・ノーボ種のなかから大粒のものを選抜して固定化した品種。

あかねかこーひーのき
【アカネ科コーヒーノキ】

コーヒーの植物としての分類。70種ほどあるとされているが、主に流通しているのはアラビカ種とカネフォラ種のみ。アカネ科の樹木で1m以上に育つと花が咲き、実がなる。成長すると数mにもなる常緑低木。日陰でも育つことが可能で濃い緑色をした葉は日本で観葉植物として人気だが、実がなることは少ない。

アクチュアルサンプルテスト
【actual sample test】

タイプサンプルテスト・プレシップメントサンプルテストを受け、船積みされ渡ってきた生豆が日本の港に到着した時点で再度味覚テストを実施し、品質に大きな変化がないかチェックする。

アグロフォレストリー【agroforestry】

アグリカルチャーとフォレストリーを組み合わせた造語。樹木を植栽しその間に別の農作物を栽培するなど、熱帯地方を中心に生態系の特徴にならってなるべく多彩な生物の生育を組み合わせる考え方。

あさ【朝】

目覚めの一杯、朝一番のブレイクなどで飲む人も多い時間帯だが、科学的には朝起きてすぐは血中の覚醒ホルモンが高まるため、効果を持続するには覚醒ホルモンの落ちてくる10時頃に飲んだほうがよいよう。

あさいり【浅煎り】

豆自体の味や酸味を味わえるロースト方法。ロースト時間が短いため豆由来の味が多く残るのも特徴。

あさぶくろ【麻袋】

生産地から生豆を輸入する際に入れる袋のこと。大体1袋60〜70kgの生豆が入っている。袋のデザインで豆の種類や等級など知ることもできる。別名「マタイ」。

あさらん【アサラン】

インドネシア、スマトラ島での生豆の生乾きの状態の呼び方。

アシエンダ【hacienda】

私有制大農園のこと。

あしたがあるさ【明日があるさ】

1963年に発売された坂本九の曲で青島幸男が作詞。2000年にウルフルズによってカバーされ、ジョージアのCMソングに起用。CM出演したダウンタウンを中心とした吉本興業所属のお笑いタレントの音楽ユニットRe:Japanもカバー。そのタイアップ企画は話題を呼び、テレビドラマにもなった。

アシディティ【acidity】

豆自体が持っている魅力的な酸味、酸の強さと質、さわやかさのこと。好ましいときには「ブライトネス」、好ましくないときには「サワー」と表現されることが多く、コーヒーを口にするとほぼ即座に感知・評価される。

アスカソ【ascaso】

スペイン製家庭用エスプレッソマシン。1962年創業でバルセロナの職人によって作られ、業務用に近い本格派。カラーヴァリエーションも豊富。

あずきこーひー【小豆コーヒー】

昔コーヒー豆が手に入らない時代に代用品として飲まれていた。小豆を深煎り焙煎するとコーヒーのような香りが出てくる。カフェインを含まないので体にも優しい。

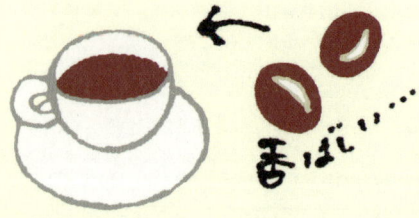

アセプティックブリックパック 【aseptic brick pack】

コーヒーなど中身と容器を別々に殺菌、無菌状態で密封する包装方法。高い温度、短い時間で殺菌するため劣化しづらく長期保存が可能になる。別名ABパック・アロマパック（43P）。

アップルパイ 【apple pie】

生や砂糖煮にした林檎をパイ生地で包んで焼いたもの。国によって様々な形があり、繊細な層のフランス風やタルト生地に近いパイ生地を上に乗せただけのイギリス風、南部アメリカ風カントリーアップルパイや巻き寿司のような形のウィーン風などなど、各国で愛されている。コーヒーとの相性は文句なし。

アップレンディスタ 【apprendista】

イタリア料理店の見習いのこと。女性はアップレンディスティと呼ばれる。

アナロビックプロセス 【anaerobic process】

嫌気性発酵プロセス。気密容器の中で発酵工程を行うことで圧力が生じ、独特のフレーバーが生まれる。

アバカフィルター 【abaca filter】

マニラ麻を用いたコーヒーフィルターで、通液性に優れ若干油分を通すため、舌触りが滑らかに感じられるのが特徴。

アフォガート 【affogato】

イタリア語で「溺れる」の意味。アイスクリームの上に熱いエスプレッソを注いだデザート。

アフターテイスト 【aftertaste】

口の中に残る余韻のこと。後味。

アフターブレンド 【after blend】

ブレンドに使用する生豆を、その種類ごとに最も適した状態に焙煎した上で、ブレンドする方法。手間と技術が必要だが、豆の風味を最大限に引き出すことができる。

アフターロースティングテスト 【after roasting test】

コーヒーを仕上げる際に、一粒でも異常な豆が混入していれば、焙煎した豆全体が影響を受けてしまうので、焙煎直後、品質ごとに味覚チェックすること。

アフリカ【africa】

ヨーロッパの南に位置し人類発祥の地ともいわれている。コーヒー栽培の歴史は古く、最初に発見されたのはアフリカ、エチオピア・イエメンあたりといわれている。アフリカの豆はフルーツやベリーなどの甘味と酸味が特徴で、幅広い多様性があるとも。

イエメン
エチオピアに次ぐ古いコーヒー栽培地。モカ港があった場所で「モカマタリ」は有名。

エチオピア
アフリカ最古の独立国で、アラビカコーヒー発祥の地とされている。国土の大半が高地で涼しく、コーヒーの栽培に適している。

コートジボワール
チョコレートの原料のカカオ豆の輸出世界一で、コーヒーも主要産業の1つ。主にロブスタ種を栽培。

ケニア
アラビカ種とロブスタ種両方を栽培しており、アラビカ種は標高1400〜2000mの高地の火山性土壌で育てられている。

ルワンダ
近年急激に発展、農薬や有機肥料を使用しない自然栽培が主流。

タンザニア
日本で親しまれているキリマンジャロの産地。豆は酸味が強めだが、深めに焙煎すると濃厚でバランスがよくなる。

アフリカンベッド【african bed】

コーヒーチェリーを乾かすための、コンクリートやレンガなどの乾燥場がない場所で乾燥させるため網を張った棚。通気性がよく、均一に豆を乾かすことができるため、高品質なコーヒーに仕上がる。別名サスペンデッドパティオ、ウインドドライ、陰干しコーヒーなどとも呼ばれる。

アフターミックス【after mix】

それぞれの豆を適温で焙煎した後に混ぜる方法。個別に焙煎することにより色ムラをなくしたり、中煎りの豆と深煎りの豆をブレンドしたいときなどに適している。

あぽろ13ごう【アポロ13号】

アポロ計画の中で使用された宇宙船のひとつ。1970年に飛行を行ったアポロ13号では、酸素タンクに突然亀裂が生じ、危機的事故が発生。極度の寒さと不安の中、乗組員たちはヒューストンから「がんばれ、君たちは熱いコーヒーへの道を歩いているのだ！」という激励をうけ、「熱いコーヒー」という言葉を支えに乗り越えたという。

40

あまれーろしゅ【アマレーロ種】

アマレーロはポルトガル語で「黄色」を意味し、通常赤く熟すコーヒーの果実が、突然変異によって黄色く熟すようになったもの。品種の後ろに「アマレーロ（アマレロ）」とつけて呼ぶ。ブルボン、カトゥアイ、パカマラなどのアマレーロが現在流通している。

アメリカーノ【americano】

エスプレッソに湯を加えた飲み物で、いわゆるお湯割り。エスプレッソのシングルショットに3〜5倍程度の湯を足し飲みやすくしたもの。通常エスプレッソはすぐに飲みほすものとされているが、アメリカーノはアイスでも楽しむ事ができる。

赤と味に大きな差はありません

ドリップとはまた違った風味に

アイスも

うっすらクレマ

アメリカ合衆国【United States of America】

北米大陸のほぼ下半分、アラスカとハワイを含む50の州からなる連邦共和国。イギリスをはじめ、多くの国から移民たちが集まり、混ざり合いながら発達したため、人種や文化のるつぼといわれている。イギリスの植民地だったとき、紅茶の値段を不当に上げられたことに反発し、以後、コーヒーを好んで飲むように。国別コーヒー消費量は世界一で、セカンドウェーブ、サードウェーブともにアメリカ西海岸から始まった。

アメリカン【american】

浅く焙煎した豆で淹れたコーヒー。アメリカで焙煎による煙のクレームが多かったため、煙の少ない浅煎りが多く出回ったからともいわれている。日本では1970年代に落語家などが「お湯で薄めればアメリカン！」と茶化したのがきっかけでコーヒーをお湯で薄めたものをアメリカンと認識している人も多いが、正式なものとは言えない。また大阪で、喫茶店に来日した外国人がたくさんコーヒーを飲むので通常のブレンドを薄めて倍にして提供したため、日本ではお湯わりコーヒー＝アメリカンの印象が強くなった。

we like coffee!

NOT お湯割り

アメリカスペシャルティ コーヒー協会

1982年に設立された、スペシャルティコーヒーの共通基準を定めるための組織。

アライバルサンプル【arrival sample】

生豆が港に着いた際に行うカップテストのこと。

アラビアコーヒー【arabia coffee】

浅煎りの豆を煮出しカルダモンなどで味つけ、砂糖は入れず小さなカップで粉が沈殿するのを待って飲む。カルダモン以外にもシナモンやジンジャー、バラ水などを入れることもあり、小さなカップに入れられるアラビアコーヒーはまるで儀式のよう。お茶請けはデーツ（ナツメヤシ）であることが多い。「コーヒールンバ」に出てくるコーヒーはこれのことかも。

あらびかしゅ【アラビカ種】

コーヒー豆三大原種のひとつ。日本に入ってきているレギュラーコーヒーのほとんどはアラビカ種である。原産地エチオピアから世界各地に伝わり、地域の土壌や気候によってそれぞれ変化。世界で栽培されているコーヒーの約7割がアラビカ種で占められている。標高1000〜2000mの高地で栽培され、発芽から収穫まで5〜6年かかり、約30年で収穫ができなくなると言われている。デリケートで病気や虫・気温の影響も受けやすい品種だが、豊かな風味や酸味を持ち合わせていて、カフェインもロブスタ種の約半分。ティピカやブルボンなど品種も豊富、世界中で親しまれている。

アラビカ種
→ ティピカ種　ブルボン種　ケント種／スマトラ種／マラゴジペ種
→ カトゥーラ種　ムンドノーボ種
→ カトゥアイ種

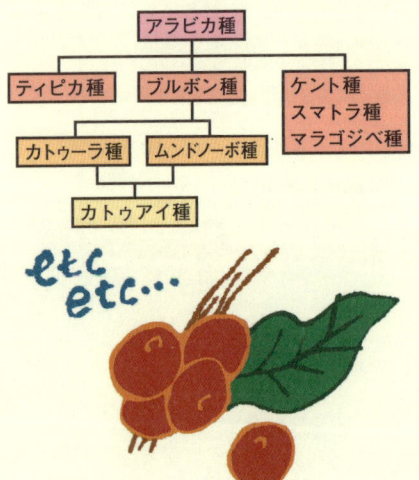

あらびき【粗挽き】

コーヒー豆の挽き方の一つで最も粒度が大きい挽き方。ザラメ程度の粒度で酸味が強く、苦味が少なめ。パーコレーターやフレンチプレスなど直接お湯で煮出すような淹れかたに向いている。

じっくり
抽出向

アラミドコーヒー【aramid coffee】

主にフィリピンのジャコウネコからドロッピング（排出）されたコーヒーで、甘く独特な香りが特徴。別名コピルアック（93P）。

アリカフェ【ali cafe】

マレーシアやシンガポールで売られているインスタントコーヒー。高麗人参、砂糖、コーヒー、ミルクと強壮剤に使用されているトンカットアリ（ニガキ科）が入っていて精力増進効果があるそう。男性用と女性用がある。

飲みたいようなそうでないような…

アルカロイド【alkaloid】

植物中にある窒素を含んだ塩基性有機化合物の総称。毒性や特殊な生理、薬作用を持つものが多く、コーヒー・茶葉・カカオ・タバコなどにも含まれ、興奮・鎮静・利尿効果などがある。コーヒーを飲んで気分がすっきりするのは、主としてこの働きである。

アルコール【alcohol】

炭化水素の水素原子を水酸基で置き換えた科学物質のこと。アルコールの入った飲み物が酒類となる。

アルチュール・ランボー
【Arthur Rimbaud】

フランスの早熟な美しき天才詩人。20歳過ぎに詩を作るのを辞め、その後いっときアフリカでコーヒー商人として働き、37歳の若さで生涯を終える。

アレンジコーヒー【arrange coffee】

コーヒー本来の味を抽出しづらい硬水文化のヨーロッパで多く飲まれているコーヒーで、コーヒーに何かを加えて全く別の味を作り出すもの。ルーツとしては、生薬としてカルダモン・クローブ・シナモン・ナツメグ・サフランなどを一緒に煮込んで飲んだようだ。ミルクや砂糖を混ぜるのが一般的だが、個性的なものだと飴や唐辛子なども混ぜたりする。

アロマパック【aroma pack】

包装内でコーヒーから発生する炭酸ガスを外に出し、外気を防ぎ、酸化しないようにする特殊バルブ付きの包装方法のこと。別名「AP」。

アンウォッシュト方式

別名ナチュラル方式（129P）、非水洗式。

あんこ【餡子】

小豆を炊いて砂糖を加えたもの。和菓子に用いられることが多いが、コーヒーとの相性もよく、甘味がマイルドでコーヒーの風味も損なわず腹持ちがよい。あんこの甘味とコーヒーの苦味がマッチし、加藤珈琲店のコーヒーぜんざいは甘いものが苦手な村上春樹氏も好きになってしまったという。また名古屋には喫茶店の裏メニューとして、コーヒーにホイップクリームとあんこを浮かべた名古屋コーヒーなど、あんことコーヒーのコラボレーションは静かに発展中。

アンチセプティ

コーヒー果実に含まれる傷を癒す効果のこと。

アントニオ猪木（いのき）

元プロレスラー、実業家、政治家。過去日本移民の一人としてブラジルに渡り、コーヒー豆の収穫などをしていた。

イエメン共和国【Republic of Yemen】

中東のアラビア半島にある国で、エチオピアとともに最も古い生産国とされている。今は使われていないが、紅海に面したモカ港がコーヒーの積出港だったためイエメンのコーヒーをモカと呼ぶことが多い。イエメン人は乾燥したチェリーを煮出したカフワを愛飲する。産地は砂漠の多い山岳地帯でハラズ、バニマタル、ハイマ地方などが高級品の産地として有名。価格もエチオピアに比べて高価なものが多い。精製は主にナチュラルだがある程度水分を残して乾燥させる方法を使っている。半乾燥だが空気が乾燥しているからか、カビの発生は少ない。

甘いナッツのお菓子と

カフワ

イエローハニー【yellow honey】

ハニーコーヒーの一種で、20～50%ミューシレージを残した状態で乾燥させたもの。

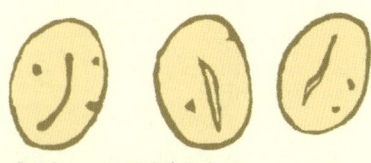

いえろーぶるぼんしゅ【イエローブルボン種】

黄色くなるブルボン種のこと。ブラジルのスペシャルティコーヒーでよく見られる品種で、アプリコットを思わせるフルーティな甘味と柔らかな苦味が特徴。

いかとうしゅ【イカトゥ種】

ハイブリッドの品種の1つで、カネフォラとブルボンの交雑種に、ムンド・ノーボを交雑したもの。収穫量が多く、さび病耐性もある。

いさん【胃酸】

コーヒーに含まれるカフェインやクロロゲン酸が胃酸の分泌を活発にするため、食後に飲むと消化がよくなり、空腹時や胃の調子が悪いときに飲むと胃が荒れやすくなる。

調子がよければ全然OK

いすらむきょう【イスラム教】

キリスト教、仏教と並ぶ世界3大宗教の1つで、唯一絶対の神（アッラー）を信仰しており、最後の預言者と名乗るムハンマドが開祖といわれている。コーヒーとの関係は古く、イスラム教徒のシーク・オマールがモカ王の娘に恋をし、追放された際にコーヒーの実を見つけたとされているからか、早い時期から「門外不出の秘薬」としてコーヒーが飲まれていた。コーヒーの魅惑的な香りが嗜好品として問題とされたこともあったが、15世紀に正式に飲むことが認められた。アルコールを禁止されているイスラム教徒にとって、コーヒーはアルコールに変わる嗜好品として親しまれ、苦しい修行の眠気覚ましなどにも飲まれていた。

種が国外に出回らないよう、その実を火で炙ったところ、とても良い香りがしたことから焙煎が始まったともいわれている。

マアンオイ…

モスクのテラスを開放したcafeも。⑥paris

イタリア【Italy】

地中海に面した長靴型の国。16世紀頃トルコ人が飲んでいた「黒い飲み物＝コーヒー」にヴェネツィアの商人が目をつけ、イタリアに持ち帰ったのが始まりとされている。最初は高値でキリスト教徒が難色を示したため、一部の人々だけが飲んでいたが、キリスト教徒が承認した後の17世紀には広く普及した。18世紀ナポレオンが大陸封鎖をした際、コーヒー豆が品薄になり、カフェ・グレコのオーナーがカップを小さくしたのがデミタスサイズの始まりで、エスプレッソの元になったといわれている。エスプレッソ自体は20世紀初頭にマシンが発明されてからだが、イタリアで広く受け入れられ、「カフェ」といえばエスプレッソを指すほどに。

Roma
Napoli（エスプレッソ発祥）
Milano

溶け具合もたのしめます

イタリアではエスプレッソに砂糖をたくさん入れて飲む。

チョコレートのような味の変化も！

エスプレッソ＋チョコ

ミラノ生まれマロッキーノ

朝ごはん withブリオッシュ

ミルクが入ったカプチーノは消化に悪いので基本的に朝だけ。食後や夜に飲むと変わった人に見られる。

イタリアンロースト【italian roast】

深煎り。ヨーロッパの焙煎スタイルで焙煎の上限である。刺激的な苦味とかすかに焦げや煙の香りが残り、豆の表面に油脂が浮いてくるのが特徴。

イッタラ【iittala】

北欧を代表するテーブルウェア。フィンランドのデザイナー、カイ・フランクが手がけたシンプルで飽きのこないカップ＆ソーサーは日本でも多くのカフェで使用されている。

いのだこーひ【イノダコーヒ】

京都の有名店。以前はコーヒーを頼むと必ず砂糖とミルクが一緒に入ってきたが、現在は確認のうえで入れてくれる。

イブリック【iblik】

トルコ式コーヒー（ターキッシュコーヒー）を淹れるための器具。別名「ジャズベ」。柄杓型で銅または真鍮でできていて、1～2人分ずつ淹れる。

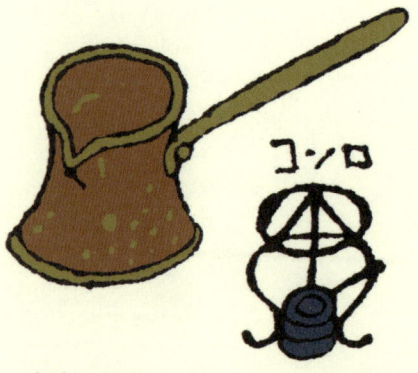

イリー【illy】

1933年に創立されたイタリアの食品関連企業で、正式にはイッリカッフェ（illycaffe）。赤に白い文字で書かれた『illy』のロゴは日本でもおなじみ。世界各国にコーヒー豆を輸出しており、香りを保存するための不活性ガスを封入した金属容器に入れられている。グラインドやタンピングが苦手な人でもエスプレッソを楽しめる、エスプレッソ用個別包装豆『カフェポッド』を販売、特許も取得。

イルガチェフェ【yirgacheffe】

エチオピアの村で、ウォッシュトコーヒーの代表格ともいえる産地。特徴的な香り、フローラルやシトラスを感じさせる個性的な酸味の豆は、エチオピアで最も価格が高く、日本への入荷も限定されている。

インク【ink】

コーヒーの液体をインク代わりとして使用しても味わい深い色が出る。コーヒーかすがインクになる、エコプリンターなども発売中。

インテリジェンシア【Intelligentsia】

シカゴ発のローカルコーヒーショップ。1995年にオープンし、サードウェーブの代表格ともいわれている。一時はコーヒーを飲むのに行列ができたことも。

インド共和国【Republic of India】

南アジアにある共和国で、世界2位の人口。様々なスパイスを使ったインド料理は世界中で楽しまれている。コーヒーの生産量は世界7位を誇り、70％が輸出で30％が国内消費量となっている。チャイのイメージが強いインドだが北インドは紅茶文化、南はコーヒー文化とされている。最近はチェーン展開のカフェにより、若者に人気のオシャレな飲み物として確立されつつある。

インドコーヒー【india coffee】

17世紀にメッカ巡礼に出向いた聖人ババ・ブダンが帰途イエメンから7粒のコーヒー種を持ち帰り、マイソール近郊のチャンドラギリ峰に植えたのが始まりという。当時アラビア以外へコーヒーを持ち出すことは御法度だったため、ブダンは危険を顧みずインドの人々にコーヒーを伝えたようだ。

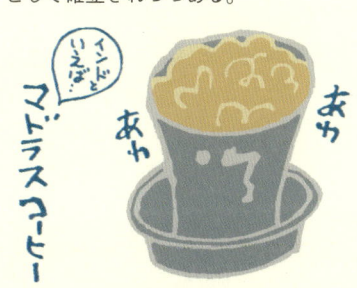

マドラスコーヒー

あか　あか

甘いミルクコーヒーを器から器へ…何度も移し替え、温度を下げながら泡立てるのが特徴。

交互に・なぜかこぼれない

インドネシア共和国
【Republic of Indonesia】

東南アジア南部にある1万以上の島からなる共和国。農業国であり、カカオやバナナ、ココナッツ、タバコ、コーヒー豆など様々な作物を栽培している。生産されるコーヒー豆は90％以上がロブスタ種で、濃厚な苦味と香りがあり、ブレンドのベースとしても多用されている。

スマトラ島のマンデリン、
ガヨマウンテン、
スラウェシ島の
トアルコ・トラジャなど有名。

インスタントコーヒー【instant coffee】

コーヒーの液体を乾燥させた粒状のコーヒーで、お湯や水で溶くだけでコーヒーを飲むことができる。1899年頃日本人の化学者・加藤サトリ博士が発明、「ソリュブル・コーヒー」としてパンアメリカの博覧会で発表した。加藤博士が特許を取っていなかったことから、1906年に特許を取得したジョージ・ワシントンという人物が最初に発明したともいわれている。味や香りはレギュラーコーヒーに劣るものの、手軽で保存が利き、料理の隠し味にも。

カップ付のもの

きちんと保管すれば3年程美味しく飲める。

防災バックに入れたい!…

インスタントコーヒー製造方法

1 コーヒーを抽出、凝縮する。

2 製品の特徴に合わせた方法で乾燥させる。

フリーズドライ

抽出したコーヒー液をマイナス40℃で凍らせ、細かく砕き、真空にすることによって水分を取り除く方法。風味を閉じ込めることができる。

アロマ

感じる

スプレードライ

抽出したコーヒー液を霧状にし、熱風により水分を蒸発させ顆粒状に仕上げる方法。パウダー状で冷たい水にも溶けやすい。

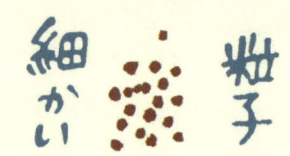

細かい

粒子

3 瓶詰め・ラベル貼りなど仕上げ

★コーヒー豆1kgにつき、インスタントコーヒー300gほど作れるとのこと。

インスタントコーヒー協会
きょうかい

日本インスタントコーヒー協会(The Japan Instant Coffee Association)とは全日本コーヒー協会を構成する団体の1つで、インスタントコーヒーの製造、輸入業者の団体。コーヒー業界の発展を目標とし、1961年に設立された。

インスタントコーヒーアイデア料理コンテスト

日本インスタントコーヒー協会が、設立40周年を記念して始め10回まで開催された、アイデア料理のコンテスト。どの料理もインスタントコーヒーの特性を生かしたものになっており、デザートだけでなく揚げ物、炒め物、煮込み料理にパスタ、丼ものまで非常に多彩。コーヒーを入れなくてもきっと美味しいだろう…と思うものも少なくないが、どんな料理ともマッチしてしまう、コーヒーのポテンシャルの高さには驚かされる。

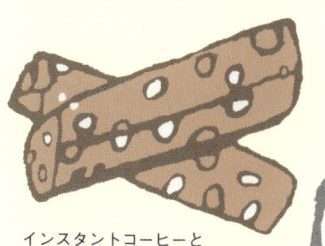

インスタントコーヒーと
豆腐を使ったおやつ
「珈琲豆腐バー」。

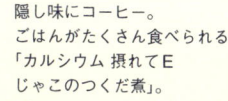

隠し味にコーヒー。
ごはんがたくさん食べられる
「カルシウム 摂れてE
じゃこのつくだ煮」。

はんぺんを使った
コーヒーデザート
「モカ 伊達巻 アラモード」

ぅぁりえだころんびあしゅ
【ヴァリエダコロンビア種】

ハイブリッド・デ・ティモール種とカトゥーラ種の交配種。風味はアラビカ種に近いが、直射日光や病害虫に強く収穫量の多い品種。

ヴィア【via】

スターバックス ヴィア® コーヒーエッセンス。スターバックスが20年かけて開発した、個別包装されているスティックタイプのコーヒー。種類もどんどん増え、モカやキャラメル風味、プレゼント用にクッキーとセットになったものもあり、なんとなくおしゃれ。コンパクトなので荷物を極力減らしたい、アウトドアや旅行などにもよさそう。

ウィンドドライ【wind dry】

生豆の乾燥方法の1つで、棚干し方式、アフリカンベッドと呼ばれる。

ウィンナーコーヒー【wiener coffee】

オーストリア・ウィーン発祥の飲み方で日本独自の呼び方。濃いめのコーヒーにホイップクリームを浮かべたもので、生クリームとコーヒーはあえてかき混ぜずに食感や温度差を楽しむものとされている。ウィーンではフランツィスカーナー、アインシュペナーが近い。タレントのタモリは博多の喫茶店で雇われマスターをしていた際、ウィンナーコーヒーの注文に対し、ウィンナーソーセージを入れたコーヒーを出していたらしい。

ウエストシェイプのマグカップ

その名のとおり、ウエスト部分がくびれたマグカップ。サードウェーブのトレードマーク的なアイテム。

くびれが持ちやすい気がする…

ウェットカプチーノ【Wet cappuccino】

フォームドミルクよりスチームミルクの割合が多い、少しとろりとしたカプチーノ。水分多めで泡が少なめでラテアートに適した状態。

きめ細い!!

ウォータードリップ【water drip】

コーヒーの粉に冷水を一滴ずつ落として抽出する方法。別名ダッチコーヒー、水だしコーヒー。時間をかけて抽出するため、クリーンな仕上がりに。

じっくり・待つ楽しさ……

ウォーマー【warmer】

抽出後の保温＆温め直しに使用。電気製のものからキャンドルタイプのものまで様々。

煮詰まらないよう注意!!

ウォールマグ【wall mug】

水筒型で保温力・保冷力があり、蓋がついているものも多く、職場やドライブ、散歩などに最適。

うぉっしゅとほうしき
【ウォッシュト方式】

コーヒーの生産処理方法の1つで水を多用する伝統的な精製方法。収穫したチェリーから未熟な果実やゴミなどを取り除いた後にパルパーという機械にかけ、皮と果肉を取り除いてパーチメントの状態にし、半日〜1日ほど水に漬け込む。パーチメントに付着したミューシレージが自然発酵し、その後水洗いしてミューシレージを洗い落とし乾燥させ、パーチメントコーヒーの状態にする。多くの国で取り入れられている生産処理法で、クセの少ないコーヒーに仕上がるのが特徴。

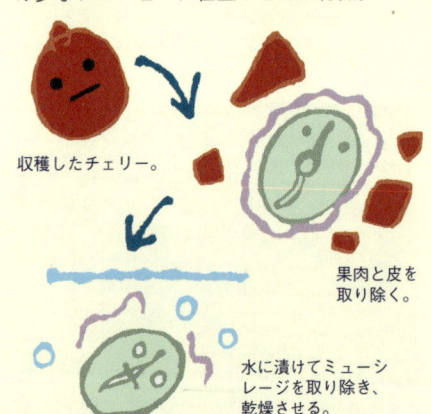

収穫したチェリー。

果肉と皮を取り除く。

水に漬けてミューシレージを取り除き、乾燥させる。

ウガンダ共和国【Republic of Uganda】

アフリカ東部に位置する共和国。主にロブスタ種を栽培。

うすば【臼歯】

ミルの歯の種類。豆をすりつぶして粉にする仕組みで、均等に挽くことができる。

うちゅう【宇宙】

宇宙でもコーヒーを飲むことができる。ゼリー飲料のような銀色のパッケージの中に粉が入っていて、プラスチックの口から針でお湯を注入しストローで飲むタイプ。ブラック・砂糖入り・クリーム入り・砂糖＆クリーム入りの4種あり、宇宙飛行士の山崎直子さんはコナ・コーヒーの砂糖＆クリーム入りを持って行ったとか。イタリアのコーヒーメーカー「ラヴァッツァ」が無重力空間でも使えるエスプレッソマシンを開発。宇宙でもコーヒーは気分をリフレッシュさせ精神を安定させるものとして重宝されており、また墨汁や絵の具代わりにも使われているそうだ。

ウツカフェ【utzkapeh】

マヤ語で「良いコーヒー」を意味し、原産地や生産地を明らかにし、コーヒーの安全性を認証する国際的プログラム。これを取得することで、信頼のできる方法でコーヒーが生産・加工されていることを消費者に証明することができる。現在はグッドインサイド。

うまみ【旨味】

日本の科学者が発見した味覚。「甘味」「酸味」「塩味」「苦味」に次ぐ第五の味覚で、「UMAMI」として日本以外の国でも広く知られている。

うみ【海】

コーヒーは山地で採れるものが多いが、カリブ海地域でも栽培されている。比較的軽めの味わいのものが多いとか。

うらない【占い】

世界各国で行われているコーヒー占い。コーヒーを飲み終わった後の飲み残しの底の模様で運勢を占う。特にトルコでは昔から文化として存在していて、イスタンブールのベイオール地区はコーヒー占い館の激戦区で専門の占い師も多くいるようだ。

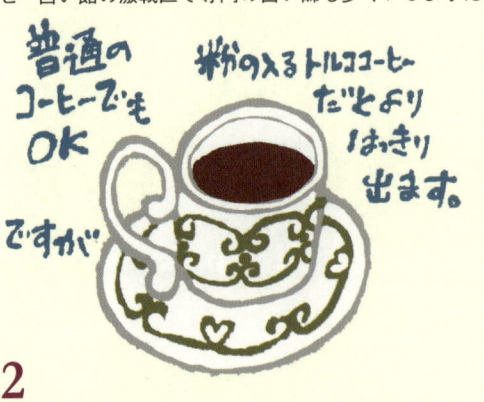

普通の
コーヒーでも
OK

粉の入るトルココーヒー
だとより
はっきり
出ます。

ですが

1

コーヒーを飲み干して…飲み残しの形を月の満ち欠けに例えて占ってみて。

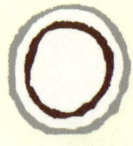

満月
今日は何をやっても
上手くいくラッキーデイ。

半月
何事もなく平穏無事に過ごせそう。でもあまりでしゃばらないように。

三日月
最悪の1日になりそうな予感。気分転換にコーヒーを飲もう。

○ ○
○

どれにもあてはまらない
良いことも悪いこともいろいろ起こる、ジェットコースターのような1日。

2

ソーサー付きのカップにコーヒーを注ぎそれを飲み干し、飲み干したカップをソーサーの上に逆さまにしてかぶせ、カップを持ち上げたあとのソーサーの模様で心理を占う。

1 人に見える　　　2 鳥に見える
3 花など植物に見える　4 単なる図形に見える

1 ➡人恋しい、誰かを頼りにしたい。
　　ちょっと弱気になっているかも？
2 ➡仕事が忙しい。遊びに行きたい。
　　ぜひ気分転換を。
3 ➡趣味をおろそかにしているかも？
4 ➡感情が不安定。公私の切り替えを大切に。

うらめにゅー【裏メニュー】

メニューに載っていないメニューのこと。

あんこコーヒー
（あんこ入り）

名古屋の
裏メニュー

エアロプレス【aero press】

2005年頃登場した、アメリカのフリスビーのメーカーが作った、注射器に似た形のコーヒー抽出器具。圧力を使った淹れ方が特徴で、コーヒーの量や挽き方、湯量を調節するだけで火や電気を使わずエスプレッソのようなコーヒーも淹れることができる。2007・8年頃から北欧を中心に流行、一度にたくさん淹れることは出来ないが、安定した味を出すことができる。片づけも楽で携帯にも便利なので、野外で美味しいコーヒーが飲みたい人にもおススメ。エアロプレスだけの大会もある。

1 ▸▸▸ エアロプレスに挽いた豆を入れる。

2 ▸▸▸ お湯を入れて粉が均一になるようパドルでかき混ぜる。

3 ▸▸▸ フィルターをセットし蓋を閉め、1分ほど蒸らす。

4 ▸▸▸ 1分たったら逆さにして20秒ほどかけて
　　　ゆっくり押し出し、抽出する。

えいが【映画】

デジタルやフィルムで撮影した動画を、映画館などでスクリーンに映し、不特定多数で鑑賞するもの。鑑賞にはコーラとポップコーンが定番だが、基本的に暗い中で見るため、眠気覚ましも含めてコーヒーをおともにするもよし。コーヒーを題材にした映画やコーヒーが重要な役割を担う映画も数多く作られている。(美味しいコーヒーの真実(59P)、かもめ食堂(74P)、コーヒー＆シガレッツ(88P))。

えいかいわ【英会話】

海外のコーヒーショップでの飲み物のオーダー例。欧米では注文の順番が日本と若干異なり、サイズ→カスタマイズ→オーダーする飲み物の順番になる。

I'll have a tall vanilla skinny latte please!!

ヴァニラ入りの低脂肪乳ミルクのラテをトールサイズでください。

フランス語

Un grand café latté au sirop de vanille avec du lait faible en matières grasses s'il vous plaît.

中国語

我想要一杯香草、低脂肪牛奶的拿铁。要中杯。

エイジング【aging】

年を重ねる、熟成させること。農産物をある一定期間、温度・湿度を管理して保存しておくという意味も。

エイブルブリューイング 【able brewing】

ポートランドで2009年創業したコアヴァ社より派生した製造会社。

エイブルコーンコーヒーフィルター【able kone coffee filter 】

2009年ポートランドのコアヴァ社が制作した、ケメックス専用ステンレスコーヒーフィルター。円錐形のステンレスに細かな穴が開いており、ペーパーフィルターでは吸収されてしまうコーヒーオイルを楽しむことができる。壊れない限り使い続けられるのでエコでもある。

えゔぁかん【エヴァ缶】

1997年にUCC上島珈琲より限定発売されたパッケージにエヴァンゲリオンのイラストが描かれた缶コーヒー。監督の庵野秀明氏がUCCの缶コーヒーを愛飲していたことから『新世紀エヴァンゲリオン』の劇中にも登場、以来映画公開に合わせて発売されている。キャッチコピーは「人類補缶計画始動」。

エキス【extract】

豆に圧をかけて抽出したコーヒー凝縮液。通常より風味が強く、料理やお菓子などに利用する。また保湿効果が高く化粧品などにも使われている。

エクアドル共和国【Republic of Ecuador】

南アメリカ西部に位置する国で西にはガラパゴス諸島がある。赤道直下に位置し、エクアドルはスペイン語で赤道を意味する。国土の中央にアンデス山脈、その西側では主にアラビカ種、東側でロブスタ種を中心に栽培している。

エクストラグッドウォッシュト
【extra good washed】

グアテマラなど、主に標高によって格付けする国での等級の1つ。他にはスクリーンサイズや欠点数で等級分類する生産国がある。コーヒーは標高が高いほど、ゆっくりと熟し、良い酸味がある堅い実になりやすい。そのため、標高が高いほど、高品質に分類される。なお、これらの格付けは、生産国が輸出のために一定の基準を設けたものである。あくまで目安の1つで、決定的な味覚評価ではない。

エクセルソ【excelso】

コロンビアで輸出向け規格に通過した豆のこと。格付けとして最も良いものがスプレモと呼ばれ、若干小さく粒にばらつきがあるものがエクセルソとなる。基本的にサイズの違いのみで豆の品質には変わりがないが、焙煎の段階で差が出ることも。スクリーン12以上＝エクセルソ・カラコール、14以上＝エクセルソ・マラゴジベ、15以上＝エクセルソ・ヨーロッパ、16以上＝エクセルソ・エクストラ、17以上＝エクセルソ・スプレモなどエクセルソの中でもスクリーンサイズによって呼び名が変わる。

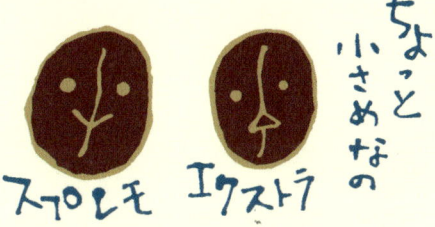

エジプト・アラブ共和国
【Arab Republic of Egypt】

中東にあるアフリカの国。コーヒーが発見されたとされているエチオピアと地続きのこともあり、コーヒーを飲み始めたのは割合早く、14世紀頃からイスラム教の寺院を通じて伝えられた。エジプトのコーヒーの飲み方は、細かく挽いた豆にたっぷりの砂糖とカルダモンなどのスパイスを入れて1杯ずつ小さな小鍋に入れて作り、エキゾチックでトルココーヒーに似ている。クセがあるためエスプレッソより小さなカップに入れて上澄みだけを飲む。砂糖の量によって種類があるが、基本はとても甘い。

エスプレッソ【espresso】

イタリア、スペインなどで主流のコーヒー。1901年にルイジ・ベゼラによって開発、その後イタリアを中心にフランスやスペインなどに広まった。深煎りで細かく挽いたコーヒーに、専用のマシンで圧をかけて素早く抽出する様子から「エクスプレス（特急）」→「エスプレッソ」と呼ばれるようになった。「9気圧・90度・30秒」と高温の湯に高圧をかけ、短時間で抽出することで、濃厚なコーヒーとなる。エスプレッソの香りを閉じ込める、クレマ（85P）も特徴の1つ。また酸化が早いので基本的に早く飲み切るのが通常とされている。小さな専用のデミタスカップを使用し1杯約30cc（ダブルは倍）、と少量の砂糖を入れて食後に味わうのが一般的。日本でもスターバックスをはじめとするコーヒーショップが多く取り入れていることもあり、近年親しまれている。直火式のエスプレッソの器具もあるが、圧が低いため同様の味は得にくい。

1 マシンに水を入れ、タンパーにエスプレッソ用の極細挽の粉を詰める。（1カ所に固まらないように。）

7g

2 タンパーで粉を水平に押し固める。（ムラがあるとエスプレッソの味に影響が出てくる。）

3 ホルダーをシリンダーにはめ込み、抽出する。

4 最初は濃く、だんだんと薄くなる。25〜30cc抽出したら止める。

トロッ！

良いエスプレッソのクレマはきめ細かくて消えにくい。

エスプレッソマシン
[espresso machine]

歴史は浅く、1901年イタリアのルイジ・ベゼラがパーコレーターからインスピレーションを得て、蒸気圧を利用したエスプレッソ・マシンを発明。その後世界的エスプレッソ専業メーカーであるilly社の創業者、フランチェスコ・イリーがセミオートマチック・エスプレッソマシンの原型を発明。残念ながら日本で製造しているメーカーはないが、現在ではイタリアを中心に各国で様々なエスプレッソマシンが作られている。

エスプレッソドリンク【espresso drink】

エスプレッソを使った飲み物。エスプレッソのショット・ミルクの量などで、味も名前も変わってくる。好みの飲み方を探したい。

エスプレッソ・ソロ　　　　コルダド　　　　ラグリマ

エスプレッソ・ダブル　　　コンレテ　　　　パンナ

ブレーヴェ　　　　カフェラテ　　　　カプチーノ

マキアート　　　　カフェモカ　　　　アメリカーノ

エスプレッソまめ【espresso beans】

一般的に深煎りで極細に挽いたものが使われている。最近では中煎りなどで楽しむ人も。

えちおぴあげんしゅ【エチオピア原種】

コーヒーノキの原木はエチオピアが起源といわれ、3000種類以上の品種が自生しているが、多種多様で厳密に区別することはほぼ難しいとされている。豆のサイズもいろいろあり生産地によって味の個性も異なる。

エチオピア連邦民主共和国
【Federal Democratic Republic of Ethiopia】

東アジアに位置し、コーヒー発祥の地とされている。優雅な香りと果実のような酸味の「モカ」は人気が高い。エチオピア国民もコーヒーを愛しており、カリオモンという日本の茶道のような作法もある。開花は12〜4月、収穫はウォッシュトが8〜12月頃、ナチュラルは10〜3月頃で品質・価格はウォッシュトのほうが高い。全てアラビカ種で特徴的な香味で人気がある。

カリ
コーヒー
オモン
一緒に

女のたしなみ

ポットで煮出す前にお菓子をたべたりおしゃべりしたり..

最高級 イルガチェフェ

エッグノッグ【eggnog】

溶いた卵黄に生クリーム・牛乳・グラニュー糖を入れ泡立てながら温め、濃いめのコーヒーを注いでナツメグを振りかけた飲み物。別名カイザーメランジェ。

エプロン【apron】

種類も様々なカフェエプロン。ロング丈は高級感、ショート丈は活動的、ミドル丈は親しみやすい雰囲気を醸し出す。スターバックスでは基本は緑のエプロンだが、より豊富な知識を持ったバリスタには黒いエプロンが与えられる。

エルサルバドル共和国
【Republic of El Salvador】

中央アメリカ中部に位置する国。国土の大半が標高の高い高原と山で栽培に適しており、また輸出量の半分をコーヒーが占めており産業の柱でもある。農政省の研究所では品種改良も盛んに行われ、品質も高評価。小規模な農園で丁寧に栽培された豆は、香りがよくキャラメルやナッツのようなコクとやわらかな甘味が特徴とされている。

研究所では
パカスとマラゴジペを交配させたパカマラを開発

えんおうちゃ【鴛鴦茶】

香港でポピュラーなお茶でコーヒーと紅茶を同量注いでエバミルクで仕上げる。おしどりのようにカフェオレとミルクティーが交わった甘ーい飲み物。

おいしいコーヒーの真実

2006年公開。日常的な飲み物であるコーヒー、その生産者から企業・消費者まで、1杯のコーヒーを通して地球の裏側の人の生活の現実を映し出した英米合作のドキュメント映画。

オイル【oil】

コーヒーの中にも含まれており、ペーパーフィルターを使用すると、紙に吸われてしまうが、ダイレクトに抽出したコーヒーならその油の味も楽しめる。深煎りした豆の表面に浮き出る油は旨味の印でもある。

オーガニック【organic】

環境を守り、自然と共存し、地域の文化を大切に健康な生活・社会を送るための取り組み。別名有機。農薬や化学肥料、殺虫剤を使わず栽培したコーヒーをオーガニックコーヒーと呼んでいる。

オーストラリア連邦【Australia】

南半球にある島国。もともとイギリスの植民地だったが、移民が増えたことにより食文化も変化、近年コーヒーの消費量・カフェが急増。移民の受け入れに柔軟な国柄だからか、世界中の器具や知識が集まり、多様性に富んだ独自のコーヒー文化を創りつつある。

オーバーオール【overall】

カッパーの好みで採点。個々のカッパーが捉えたサンプルに対する総合的な評定を反映している。

オオヤミノル

京都在住の焙煎家で『美味しいコーヒーって何だ？（マガジンハウス）』の著者。「アーティストのように作ってロックミュージシャンのように表現したい」批評家体質で鋭い審美眼の持ち主。

オールドクロップ【old crop】

収穫後に3年以上経過した生豆のこと。味や香りはほぼ抜けた状態。過去に熟成させた豆がよいとされたこともあったが、現在はほぼ価値がなくなっている。

おきなわ【沖縄】

日本の南西部に位置する県で、コーヒーベルトに入り、国産のコーヒー豆が作れる数少ない地域。気候風土により甘味のあるコーヒーができるそう。現在数十軒の農家がコーヒーの栽培に挑戦している。

積極的に有機を
取り入れている
農家も多数。

なんくるないさ

お・も・て・な・し

日本独特のきめ細かな思いやり、もてなし、ホスピタリティ精神を表す日本語。アナウンサーの滝川クリステルが2020年東京オリンピック誘致活動の最終プレゼンで発言し、流行語に。人のために奉仕するこの言葉はバリスタの精神にも通ずるか。

オランダ王国
【Kingdom of the Netherlands】

西ヨーロッパに位置する国でチューリップや風車が有名。1602年に東インド会社が設立され、コーヒーの貿易・植民地での栽培を試みる。また日本に最初にコーヒーを持ち込んだのはオランダ人とされている。オランダでコーヒーショップというと大麻などのソフトドラッグを販売する小売店を思い浮かべてしまうが、コーヒー消費量も多く、ヨーロッパの最大消費国の一つで苦味の強いコーヒーが好まれるよう。普通のコーヒーが飲みたい場合はコフィーハウス(Koffiehuis)へ。

COFFEE SHOP

koffiehuis

おんがく【音楽】

「コーヒー」と一口にいっても人によって色々な切り口があるようだ。世界中誰もが共有できるコーヒーというモチーフは世界中のミュージシャンにインスピレーションを与えている。

奥田民生『コーヒー』

休みは必要、雨の日に出かけないでコーヒーで一息いれなよ、という曲。雨の日と家とコーヒー、癒される組み合わせ。これに白いシーツとDVDか本があれば言う事なし。

J.S.バッハ『コーヒーカンタータ』

大のコーヒー愛好家であるバッハの世俗カンタータ。もともとの曲名は「そっと黙っておしゃべりなさるな」で、コーヒーが大好きな娘とコーヒーをやめさせようとする父とのやりとりを描いた曲。作詞はバッハではなくピカンダーによるもの。

プリンス
『スターフィッシュ・アンド・コーヒー』

アルバム『サイン・オブ・ザ・タイムズ』に収録された、シンシア・ローズというエキセントリックな少女を歌った曲。彼女の朝食は「スターフィッシュ（ヒトデ）とコーヒーとメイプルシロップにジャム、バタースコッチの雲、みかん、サイドオーダーのハム…」プリンスのバンド仲間の妹のクラスにいた知的障害を持つ女の子からインスパイアされた、ポジティブでキュートな曲。

『コーヒールンバ』

ブランコの演奏で世界的にヒットした曲。原曲はホセ・マンソ・ペローニの「Moliendo Cafe（コーヒーを挽きながらという意味）」。日本でも西田佐知子やザ・ピーナッツをはじめ荻野目洋子、井上陽水、西城秀樹らがカバーやリメイクをして人気となった。ただし実際の曲のリズムはルンバではなくオルキデアである。コーヒーだけでなく『クスリ・ルンバ』（アントニオ古賀）や『麻雀・風呂つき・お酒ルンバ』（大沢悠里・小鳩くるみ）、『野菜ルンバ』（谷五郎・ゴロー・ショー）、『こぶ茶ルンバ』（こぶ茶バンド）などの替え歌カバーもある。

Belle『コーヒー一杯の幸福』

久しぶりに会った学生時代の恋人と再会、背伸びして喫茶店に通った思い出を歌った曲。別れてしまった理由はわからないけれど、ひたすらに切ない。

カーリー・サイモン『うつろな愛』

カーリー初の全米No.1ヒット曲。プレイボーイで自惚れ屋の元カレを痛烈に批判した曲。元カレが誰だかは憶測が憶測を呼んでいるが、同じく話題になったのが「Clouds in my coffee」というフレーズ。「私のコーヒーの中の雲」という詩的な言い回しは「見通しがつかない魅力的な人生と愛のまごつく側面」の比喩で、コーヒー占いに例えて、捨てられて傷つく恋心を表現したそう。

ルンバとはキューバのラテン音楽のこと★

おんせんこーひー【温泉コーヒー】

①通常の水よりミネラルの豊富な温泉水で水洗処理したコーヒー。天然温泉が湧き出るエルサルバドルで作られ、2003年のカップ・オブ・エクセレンスに入賞。ダークチョコレートのような濃厚な風味とキャラメルのような甘さが特徴。②温泉を使って淹れたコーヒー。湯治場などで時折見られる。

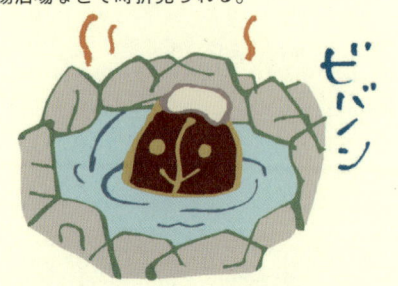

ガーデンコーヒー【garden coffee】

エチオピア南部における典型的な栽培方法の1つ。農家が自宅の周辺で他の作物と一緒に肥料や鎌入れなどの手入れをしながらコーヒーを栽培する方法。

かいがらまめ【貝殻豆】

1つの実にできる豆の片方が成長の途中でもう一方を抱き込んで成長した豆のこと。脱穀や焙煎の過程で外れ、貝殻状になる。味に大きな影響はないものの、焙煎にムラができる原因となるため取り除かれる。ブラジルでは、300gの見本中に3つの貝殻豆が含まれると、等級上欠点数1とみなされる。

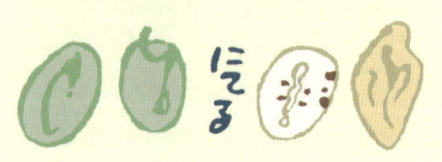

かいろ【懐炉】

コーヒーかすを簡易カイロの原材料として再利用。コカコーラやジョージアで出されたかすは主に堆肥として再利用されていたが、堆肥の受給見通しが不透明なことからこのプロジェクトが始まった。

カウンターカルチャー
【Counter Culture】

①ノースカロライナにあるサードウェーブ3大ロースターの1つ。②主流の文化、体制に対抗する文化のこと。サブカルチャー。

かおり【香り】

別名「匂い」。感情や記憶と結びつきやすい感覚で、コーヒーの香りはリラックス効果が高く、コーヒーが飲めない人でも香りは好きな人が多い。また集中力を高め、情報処理や仕事、勉強の作業効率アップ効果も。豆の種類・焙煎によっても変わるが、一般的には新しい豆ほど香りが強く、古くなるにつれ薄くなる。また、焙煎直後は香りが薄いとも。

カカオ【cacao】

チョコレートやココアの原材料。品種は大まかにわけてフォラステロ種・クリオロ種・トリニタリオ種の3つに分類され、直径15〜30cmほどのラグビーボールのような果実の種子がカカオ豆となる。コーヒーと産地が重なることも多く、両方を扱う農家も少なくないとか。また、両方ともローストすることによって美味しくなるところも共通である。

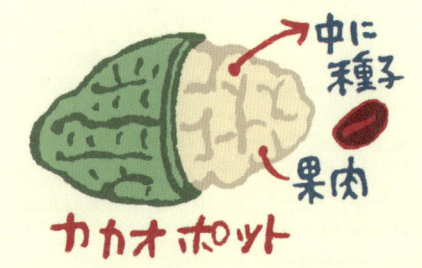

『美味しいには訳がある』

村澤智之

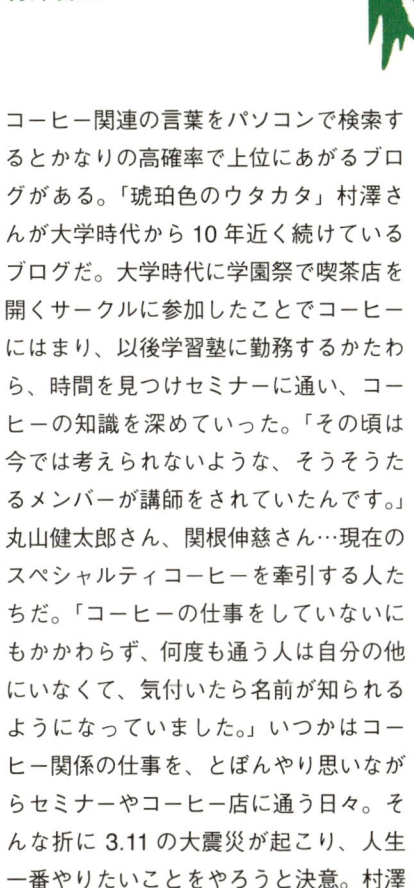

村澤智之
鳥取県出身
好きな食べ物…美味しいもの
嫌いな食べ物…美味しくないもの
趣味…ルアーフィッシング
（ブラックバス、エリアトラウト）

コーヒー関連の言葉をパソコンで検索するとかなりの高確率で上位にあがるブログがある。「琥珀色のウタカタ」村澤さんが大学時代から10年近く続けているブログだ。大学時代に学園祭で喫茶店を開くサークルに参加したことでコーヒーにはまり、以後学習塾に勤務するかたわら、時間を見つけセミナーに通い、コーヒーの知識を深めていった。「その頃は今では考えられないような、そうそうたるメンバーが講師をされていたんです。」丸山健太郎さん、関根伸慈さん…現在のスペシャルティコーヒーを牽引する人たちだ。「コーヒーの仕事をしていないにもかかわらず、何度も通う人は自分の他にいなくて、気付いたら名前が知られるようになっていました。」いつかはコーヒー関係の仕事を、とぼんやり思いながらセミナーやコーヒー店に通う日々。そんな折に3.11の大震災が起こり、人生一番やりたいことをやろうと決意。村澤さんのブログを見て興味をもった前勤務店、THE COFFEESHOP のオーナー、萩原氏にスカウトされ、2店舗目以降は店の味の要となる焙煎を担当するなど、店の顔として活躍することになる。現在はコーヒー屋どうしの友人でもあり人生の先輩でもある大塚氏に誘われて、自分の信じるスペシャルティコーヒーを100％やり切るため、猿田彦珈琲で勤務。コーヒー関係の情報は広く取り入れているが、特に味に対する探究心は人一倍。「コーヒーを飲むと、生豆のポテンシャルや焙煎の精度、抽出に至るまでのプロセスが気になって考えてしまう。」そんな彼だからこそ、すべてのプロセスに真摯に取り組み、日々の小さな変化も細かくチェックし記録する。その姿は職人というより研究者に近いものを感じる。そんな村澤さんが今まで飲んで最も印象深かった豆の1つが2011年COE優勝豆のコスタリカ・サモラ農園のもの。ハニープロセスの父と呼ばれるファン・ラモン氏が手がけたブラックハニープロセスのコーヒーだ。チェリーの熟度からパルピング、乾燥日数までもコントロールし、手間暇かけた豆は1回飲んだだけではわかりづらいが、2回・3回と飲むにつれ複雑なフレーバーに魅了されてゆくという。多くの素晴らしいコーヒーの味に触れ、その生産過程を知るうちに「美味しいものができるのに偶然はない、必ず訳がある。」と確信していった。「いつかは生産地にも行ってみたい。」究極のコーヒーに出会うため、彼が各地に飛び回る日はそう遠くないかもしれない。

カクテル（アルコール）【cocktail (alcohol)】

ベースとなる酒（主に洋酒）に果汁やシロップ、ソーダ、ベース以外の酒などを混ぜて作るアルコール飲料のこと。ストレートで飲むより飲みやすくなることも多く、女性を中心に好まれている。コーヒーを使ったカクテルも様々あり。　（協力・AGF　詳しいレシピ→http://www.agf.co.jp）

Wine

ボブ・モーゼス・コーヒー・ワイン
(bob moses coffee wine)

深煎りのコーヒー豆、水、ザラメ、粒アーモンド、赤ワインをビンに入れ、冷蔵庫の中で一昼夜おき、その都度温めて飲む。

Brandy

サルマ (salma)

グラスの縁にレモンを回しながら濡らす。皿にグラニュー糖を平らに広げ、グラスを逆さまにし、グラスの縁にグラニュー糖を均等につけて、スノー・スタイルにする。グラスに氷を入れ、コーヒーを注ぎ、さらにブランデーも注ぎ、仕上げにレモン・スライスを乗せて。

Vodka

サロン・アインシュペンナー
(salon Einspaenner)

カップにウォッカ、コーヒー、グラニュー糖を入れ、ホイップクリームを浮かせ、ココアを振りかける。

Rum

コーヒー・グロッグ (coffee grog)

グラスにラム酒、グラニュー糖
を入れ、コーヒーを注ぎ、バター
を浮かせる。

Whiskey

アイリッシュ・コーヒー (irish coffee)

温めたグラスにザラメ、アイリッシュ・
ウイスキーを入れ、コーヒーを注ぎ、
静かにホイップクリームを浮かせる。

liqueur

サンブカ・モスカ
(Sambuca con mosca)

カップにザラメとコー
ヒー豆を入れ、50〜
60℃に温めたサンブカ
を注ぎ、点火。火が消え
たらコーヒーを注ぐ。

カクテル（ノンアルコール）【cocktail (non-alcohol)】

ベースを酒ではなくアルコールの入っていない別の飲み物に変更して、カクテル同様に作った飲み物。「バージン〜」と呼ぶこともある。アルコールに弱いがお酒の雰囲気を味わいたい人にぴったりだが、ものによっては1%未満のアルコールを含むものも。

Sylup

ハニー・カフェ・コン・レーチェ
(honey café con leche)

蜂蜜を入れたグラスにフォームミルクを入れ、グラスの縁からコーヒーを注いだ飲み物

Spyce

ニックス・スパイスト・アメリカーノ (Nick's Spiced Americano)

コーヒーの粉にクローブとシナモンを加え、抽出。レモンとオレンジの皮を入れたカップにコーヒーを注いでできあがり。

Cocoa

モカ・カリエンテ・ジャバネサ
(Moka Caliente Javanesa)

コーヒーにホットココアを加え、マシュマロを加えた飲み物。

Chocolate

カフェ・ショコラチーノ
(cafe chocolaccino)

チョコレートシロップを入れた
カップにコーヒーとフォームミル
クを注いでココアを振りかけて。

Fruits

バナナ・モカ・クーラー
(banana mocha cooler)

ミキサーでコーヒー、チョコ
レートシロップ、バナナ、牛
乳を混ぜた飲み物。

Icecream

オールド・ファッショ ンド・
コーヒー・ソーダ
(Old Fashioned Coffee Soda)

コーヒーと牛乳をミキサーで混ぜ、氷
を入れたグラスに注ぐ。静かにソーダ
水を注ぎ、チョコレートアイス、ホイッ
プクリーム、チェリーなどを飾る。

かざん【火山】

マグマが地表で噴火することによってできた地形。山地がコーヒーの栽培に適していることから、火山の多いグアテマラなどはバラエティに富んだ良質なコーヒーを生産している。

かざんせいどじょう【火山性土壌】

火山灰が積もった土壌で、基本的には窒素や有機物の量が低いが、地域によっては時間の経過によりミネラルなどを豊富に含む肥沃な土壌となり、上質なコーヒーができることも。

かす【糟】

コーヒーを抽出した後に残る粉。脱臭効果があり軽く水気を切って洗面所などに置いておくとアンモニアを吸着してくれる。また、他の堆肥と混ぜて発酵させ、肥料として使えば防虫効果も。

カスカラ【cascara】

コーヒーチェリーの生豆を取り出す過程で取り除かれる、コーヒーの果皮・果肉を乾燥させたもの。大抵は堆肥にしたり捨てられるが、一部地域では煮出してお茶のように飲用する習慣がある。最近では一部のスペシャルティコーヒーを扱う店でカスカラを乾燥させた「カスカラティー」を見かけることも。ローズヒップティーのようなフルーティで甘い味わい。ギジルコーヒーとも呼ばれる。

ショウがや
ハチミツを
入れても

カスタマイズ【customize】

消費者の好みによって、商品の内容や仕様を変更すること。スターバックスメニューのミルクやシロップなどの変更・追加などをする際に用いられる。

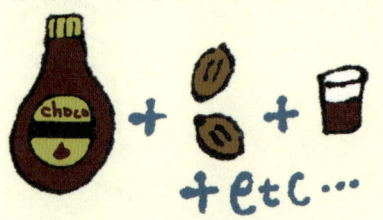

choco + + ＋etc…

カスティージョ【castillo】

ヴァリエダ・コロンビアを6世代にわたり交配、ヴァリエダ・コロンビア（49P）よりもアラビカ種に近い品質を持っている。

COE入選
の実績も

片桐はいり

1963年東京生まれの個性派女優。コーヒーの産地であるグアテマラに弟さんが住んでおり、訪れた様子を本や雑誌に執筆することも。グアテマラではコーヒーに砂糖を山ほど入れるようで、グアテマラ人のお嫁さん曰く「人生はあまりにも苦いからせめてコーヒーだけは甘くするの」の言葉には胸がきゅっとなる。

せめて
コーヒー
だけは…

かっしょくしきそ【褐色色素】

クロロゲン酸が加熱されることによって生成される色素で、苦味のもととなる。コーヒーメラノイジン。

かっとは【カット歯】

ミルの歯の種類。豆を切るようにして粉にするため微粉が出にくく、えぐ味などが抑えられる。

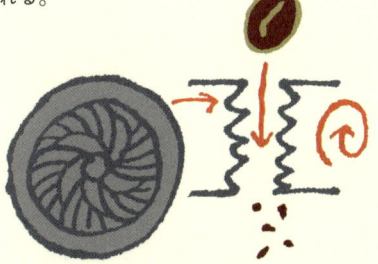

西面に付いた刃が回転

カットバック【cut back】

剪定方法の1つで、生育して何年か経過し木の状態が弱ってきた際、地上30cmほどの位置で幹を切ることで、状態を回復させる方法。カットバックを繰り返すことで木を長持ちさせることができる。

カッパー【cupper】

コーヒーの選定を行う品質管理者。コーヒーテイスター。全ての責任者はマスターカッパーという。

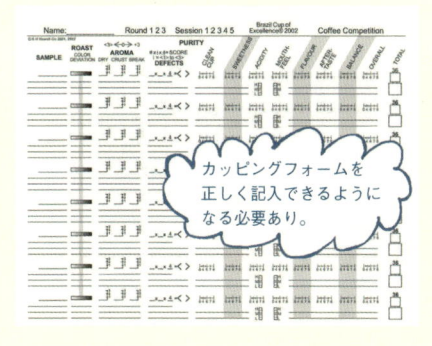

カッピングフォームを正しく記入できるようになる必要あり。

かっぱとうさぎのコーヒー探し

ほぼ日刊イトイ新聞の1コーナーで、コーヒー好きのイラストレーター・福田利之さんとほぼ日乗組員の山下さんが、コーヒーについて語り合ったり探し歩いたりする不定期連載。　http://www.1101.com/coffee/index.html

可否茶館

1888年に日本に初めて登場した喫茶店。一階にはトランプ場、ビリヤード場や新聞雑誌を読むスペースなどを設け、喫茶室は二階にあった。

カッピング【cupping】

ワインのテイスティングのようなもので、同じサイズの容器に種類の違う粉を同量ずつ入れ、粉の状態（ドライ）の香りと湯を注いだ状態（クラスト）の香りを嗅ぎ、最後に液体を吸い込み、コーヒー本来の甘味や酸味、苦味や口当たりなどを見る作業のこと。

慣れないとムズカシイ…

スピット

カップ【cup】

コーヒーを飲むための入れ物。ソーサーとセットになっていることも。

このひと手間で違う気がします。

カップウォーマー【cup warmer】

コーヒーやエスプレッソを最適な温度で味わうためにカップを湯煎などで温めること。

カップ・オブ・エクセレンス
【Cup of Excellence】

生産者と消費者を直接結ぶための組織で、年に一度開催されるコンペティションに出品された世界各国のコーヒー豆を審査し、入賞した豆はインターネットオークションにかけられ、世界中のコーヒー業者が入札することができる。入札金は全て生産者のもとに渡されるシステムになっている。略称COE。

カップテスト【cup test】

味見のこと。

かていようこーひーめーかー
【家庭用コーヒーメーカー】

水と粉をセットし待つだけでコーヒーを楽しめる機械のこと。ドリップだけでなくエスプレッソを淹れる機能が付いたものもある。

かとうあいしゅ【カトゥアイ種】

ムンド・ノーボとカトゥーラの交配種。両方の良いところを取ったような品種で、病虫害に強く生産性が高いため近年急速に栽培面積が増えている品種。

かとぅーらしゅ【カトゥーラ種】

1915年頃ブラジルで発見されたブルボン種の突然変異の品種。生産性の高いやや丸形の豆で、コクと酸味・渋みが強い。

カナダ【Canada】

アメリカ大陸北部に位置し、アメリカ合衆国と隣接する国。国土は世界で2番目に広く、コーヒー消費量は世界9位。カナダ人はコーヒー好きが多く、日本でもおなじみのBlenz coffeeや個人経営の店までたくさんのコーヒーショップがある。

かねふぉらしゅ【カネフォラ種】

アラビカ種と並ぶコーヒーの主要な種のひとつで、現在世界中で生産されているコーヒーの30％程度を占めている。低地でも栽培可能で病気などに強く生産性が高いのが特徴。アラビカ種が病気で大打撃を受けた19世紀頃に急激に普及。苦味が強いため、主にインスタントコーヒーなど加工用に使われている。ロブスタ種はカネフォラ種の品種のひとつ。

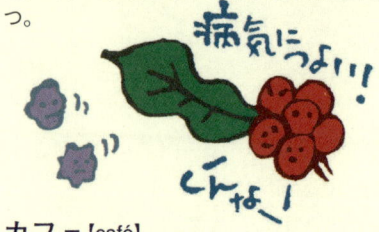

カフェ【café】

コーヒーないし主にコーヒーを提供する店のこと。フランスではキャフェ、イタリアではカッフェーと発音する。

カフェイン【caffeine】

アルカロイドの一種。コーヒーに含まれることからこの名がついた。中枢神経を興奮させることにより覚醒作用や強心作用がある。脂肪燃焼効果や利尿作用などもあり、副作用として不眠やめまいなどがあらわれることも。含有量は豆の種類によって多少差があり、アラビカ種の含有量は1.1〜1.7%、ロブスタ種は2〜4.5%といわれている。西欧人はアルコールに強い反面カフェインの耐性が低い人が多く、しばしばコーヒー酔いをおこす人も。アジア系ではカフェイン耐性がない人は少ないといわれている。

カフェ・オ・レ【café au lait】

濃いめに淹れたドリップコーヒーに温めたミルクを1：1で注いだ飲み物。フランス語で「レ」はミルクという意味。

カフェ・オーレ

ゴールドとブラウンのストライプでおなじみ、江崎グリコから出ている円錐型のカフェオレ。飲んでいると周囲に「なつかしい」といわれるが、まだまだ現役で大抵のコンビニで販売されている。

クリーム多めと
コーヒー多めも
あります。

カフェオレベース【café au lait base】

通常の3倍程度濃く抽出したコーヒーとシロップを合わせたもの。牛乳を混ぜれば手軽に甘いカフェオレができる。

カフェオレボウル【bol a café au lait】

カフェオレを飲むための取っ手のないお椀のような陶器。フランスで、朝食時にたくさんカフェオレを飲むために使用されている。

たっぷり
飲める

カフェ・グレコ【Caffè Greco】

「ローマの休日」でもおなじみスペイン階段を降りたところにある老舗カフェ。正式名称は『アンティコ・カフェ・グレコ』。19〜20世紀にかけてローマを訪れた文学者、芸術家の多くはここに足を運んだといわれ、メンデルスゾーン、ヴァーグナー、アンデルセン、ニーチェ、ボードレールなどのレリーフが今でも部屋の壁面を飾っている。コーヒーはもちろん、エスプレッソ。開店以来の習慣として、コーヒーが濃ければ薄めて飲めるようにと、銀製のお盆にコップ1杯の水と一緒にサーブされる。

カフェ・スーア・ダー【cà phê sữa đá】

ベトナム風アイスコーヒー。ベトナムコーヒーメーカーで豆を慣らし、耐熱容器にコンデンスミルクを入れコーヒーメーカーを上に置く。少量の湯で蒸らした後お湯を入れ、コーヒーが落ち切ったら氷で冷やしてできあがり。

カフェ・ドゥ・マゴ 【Café Les Deux Magots】

パリの伝統的カフェ。サルトルとヴォーヴォワールが毎日座った席は道路に面した奥の角、1杯のコーヒーと煙草で何時間も執筆したそう。開店当時から文学カフェの雰囲気があり、ヘミングウェイやサンテグジュペリ、バタイユ、ピカソなどのたまり場でもあったという。名前の由来は二つの中国人形（ドゥ・マゴ）で今でも店に飾ってある。コーヒーは現在のパリでは珍しく、エスプレッソではなく伝統的なフレンチスタイル。茶色のポットで運ばれ、好みの量を注いで飲む。

チャイナドール

カフェ・ド・ランブル 【Café de L'ambre】

銀座にある老舗。コーヒーだけの店。ネルドリップを目でも楽しめる。

琥珀の女王
バルザックに
おいしい…

カフェ・フレッド【Caffè Freddo】

冷たいエスプレッソのこと。

カッフェ・フローリアン 【Caffè Florian】

ヴェネツィア最古のカフェで、カフェ・ラテの発祥の店と伝えられている。ヴェネツィアは17世紀ヨーロッパで最初にコーヒーが伝わり、その後もヨーロッパにおける東方貿易の玄関口だった。当時のカフェはコーヒーを飲むだけでなくトランプや賭けごとに興じ、政治について語り、客を目当てにする娼婦もいて社交場としての役割が大きかったようだ。カサノヴァやゲーテも通い、またイタリア初の新聞や地図も販売された。

カフェ・ル・プロコープ 【café le procope】

パリの伝説的なコーヒーハウス。多くの政治家やジャーナリストが集い、コーヒーを飲みながら意見を戦わせた。その頃一介の兵士だったナポレオン1世は、コーヒー代を払えず帽子をツケにしたといわれている。

ツケで…

カフェ・モカ【café mocha】

チョコレートとエスプレッソを混ぜた飲み物。アメリカ生まれだがイタリア風を意識し、エスプレッソを使うのが本式である。豆のモカを使うのではなく、チョコレートを加えることによりモカコーヒーの風味に似せている。

ダークチョコを
溶かしたものが
すきです。

カフェ・ラテ【caffé latte】

エスプレッソに温めた牛乳を混ぜた飲み物。シアトル系のカフェでは単なるミルクではなくスチームミルクが加えられることも。「ラテ」はイタリア語でミルクを意味する。

カフェ・ロイヤル【café royal】

ナポレオンが好んだという最高級コーヒー。濃いめに淹れたコーヒーをカップに入れ、スプーンに乗せた角砂糖にブランデーをかけ、砂糖に火をつけて燃やし、しばらくしたらコーヒーに沈めてかき混ぜる。香りが失われてしまうので火は早めに消すのがポイント。

カプチーノ【cappuccino】

①エスプレッソにスチームミルクとフォームミルクを加えたもの。由来はカトリック教会のカプチン会の修道士からきており、エスプレッソの茶色が修道士の服と似ていたからとか、ミルクの泡がフードに似ていたからとかいろいろ。一般的にエスプレッソとスチームミルク、フォームミルクの割合は1：1：1とされている。②ともさかりえの7枚目のシングル。椎名林檎が曲を提供。

がぶ飲みミルクコーヒー

ポッカサッポロから発売されているペットボトルのコーヒー飲料（1995年誕生）。「がぶ」飲める美味しさが中高生を中心に人気。

カフワ【qahwa】

ワインを意味するアラビア語。ワインに似た覚醒作用のあるコーヒーにあてられ転訛したという説がある。コーヒーの実の薄い果実を発酵させて作った酒が「カフワ」だった可能性もあり、コーヒーの発見以前にお酒として知られていた可能性もあるとか。

カフワ・アラビーヤ【qahwa arabiyyah】

アラブ諸国で飲まれているコーヒーの総称。レバノンではカフウィ、エジプトではアフワと称する。基本トルココーヒーと同じ。砂糖とカルダモンで風味をつけることが多い。

カフワ・キシュリーヤ

コーヒー豆の果肉と内果皮のみを煎ったコーヒー。

ガムシロップ【gum syrup】

砂糖と水を煮て作ったシロップ。冷たい飲み物にも混ざりやすいため、アイスコーヒーを飲む際に一緒に出されることが多い。スペシャルティコーヒーの豆の中にはガムシロップを入れることで全く違う味わいに変化するものも。

カメリエーレ【Cameriere】

イタリア料理店での男性給仕の呼び名、女性はカメリエーラ。

かもめ食堂【しょくどう】

2006年に公開された日本映画。原作・群ようこ、主演・小林聡美。「ハラゴシラエして歩くのだ」がキャッチコピーの北欧フィンランドを舞台にした小説・映画。コーヒー消費大国フィンランドが舞台だけあって印象的なコーヒーのシーンがいくつかあり、カフェにふらっと訪れたおじさんの「コーヒーは自分で淹れるより人に淹れてもらったほうが美味しいんだ」という台詞は納得。主人公・サチエがおじさんに教えられた「コピ・ルアック」というおまじないをかけて丁寧に淹れられたコーヒーが、人々の物語を紡いでゆく。

ガヨマウンテン【gayo mountain】

インドネシアのガヨ地区で国の支援により有機栽培されている豆。もともと良質なコーヒーを作る地域だったがイスラム教の戒律により、なかなか生産に踏み切れなかったが、1984年に石油に変わる貿易手段として政府が開発をはじめ、注目されている。

カラコル【Caracol】

ピーベリー（丸豆）のうちの大粒なもののこと。小粒なものはカラコリーリョと呼ばれる。

カラメル【caramel】

糖類が200℃近くに熱せられてできる茶褐色で苦味のある物質。植物の種類・温度によって異なった物質ができるため、その種類は非常に多く、コーヒーの味と香りに対しても重要な働きをしている。

カリエンテ【caliente】

イタリア語で温かい〜熱いを意味する言葉。

カリオモン【Kariomon】

エチオピアの伝統的なコーヒー飲用習慣。日本の茶道のようなもので、女性が身につけるもてなしの作法ともいわれている。コーヒーは熱く塩入り。現在は薬草やバターなどでアレンジも。

カリタ【Kalita】

日本人向けに使いやすく工夫したコーヒー器具メーカー。

かりぶかい【カリブ海】

カリブ海はコーヒーベルトにすっぽり収まる地域。中米とも味の系統は違い、基本的に軽い味わいでバランスの良さがウリ。栽培されている品種も多い。

カルーア【kahlua】

コーヒーリキュール。メキシコのベラクルスが原産。ストレートでもロックや水割りでも、牛乳を加えても楽しめる。

カルダモン【cardamom】

インド原産で最も古いスパイスの一つで消化の促進に効果があるとされている。中近東ではコーヒーにカルダモンを加えた「カルダモンコーヒー」を飲む習慣がある。

カルディコーヒーファーム【KALDI】

コーヒーと輸入食品のワンダーショップ。豊富な輸入食材と多種多様なコーヒー豆をお手頃価格で販売しており、店頭ではよく甘いコーヒーを配ってくれている。また、カルディはコーヒーの第一発見者といわれている山羊飼いの名前でもあり、マークにも山羊が使われている。

店頭でよくお姉さんがコーヒーを配ってくれてます。

かるでらこ【カルデラ湖】

火山活動でできた大きな窪地（カルデラ）に水が溜まってできた湖。マンデリンの産地にある世界最大のカルデラ湖のトバ湖周辺でもコーヒーが栽培されており、生産されたコーヒーは「マンデリン・トバコ」と呼ばれている。

カレー【curry】

様々な種類の香辛料を使用したインド料理で、世界中で様々なアレンジがされている。隠し味にコーヒーを入れると美味しくなったり、カレー屋で食事をした後にコーヒーが飲みたくなったりとコーヒーとの相性は◎。

南インドではチャイではなくコーヒーをよく飲むそうです

カレントクロップ【current crop】

生豆の状態を指す言葉で、その年に収穫された状態のことを言う。保存状況によっては風味が落ちることも。

かんこーひー【缶コーヒー】

日本発祥の缶に入ったコーヒーのこと。1965年に島根県の『ヨシタケコーヒー』が作ったものが世界で一番最初の缶コーヒーといわれている。自動販売機の少なさからか海外の流通はあまりない。ターゲットは30〜40代の男性が主で、カフェに入るのが気恥ずかしい、現場などで働く男性の強い味方として割合安定した消費。ジュースやスポーツ飲料がアルミ缶やペットボトルを使用しているのに対し、殺菌のため高温高圧で缶に入れる必要があることから、スチール缶を主に使用している。美味しさを保つために窒素充填しているものも多く、開封前に振ると噴き出すため、注意。テイクアウトカップだと仕事をさぼっているように見られそうなので、仕事中にコーヒーを飲みたいときは缶コーヒーというサラリーマンも。

缶コーヒー製造方法

コーヒー液を抽出する。方法はドリップなど家庭と同じ構造。抽出後は美味しさを保つためすぐ冷却タンクへ。冷めたら砂糖やミルクなどを入れ調合する。

殺菌したコーヒー缶にコーヒーを入れ、封をした後さらに高温高圧で殺菌する。加熱後は美味しさを保つためすぐに冷却する。

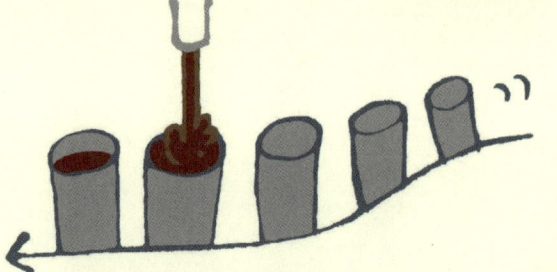

中身が入っているかX線でチェック。賞味期限を印字し箱詰めして出荷する。

製品内容量100g中の生豆使用量　　※一般のコーヒーで使用する生豆は1杯あたり10gほど。

コーヒー

5g以上

コーヒー飲料

2.5g〜5g

コーヒー入り
清涼飲料水

1g以上2.5g未満

製品100g中の砂糖使用量

無糖	微糖	低糖・ 甘さひかえめ	ブラック

0.5g以下	2.5g以下	4g前後	糖類・乳製品 未使用

※ただし微糖・低糖のものは人工甘味料を併用することも。

缶コーヒーの砂糖の標準使用量は
100gあたり7.5gほど。
日本人一人の1日の砂糖摂取量は
20gが適量といわれている。

1缶(190g)あたり
角砂糖4つくらい

角砂糖
1つ4g

缶の形いろいろ

ショート缶	デミタス缶	ロング缶

190g前後の缶。 一般的なサイズ。	170g前後の缶。 量より質重視。	250g前後の細長い缶。 主にコーヒー飲料に 使われている。

ウエストウェーブ缶	樽型	ボトル缶

デザイン性& 殺菌・缶の強度あり。	缶ビール用に 作られたものを改良。 高級感を感じさせる。	別名リキャップ缶 すぐ飲みきれない時に。

かんこく【韓国】

朝鮮半島南部にある東アジアの国。正式名称は大韓民国。『コーヒープリンス1号店』や『コーヒーハウス』など、コーヒーをモチーフにしたドラマが作られている。日本でも人気の俳優ヨン様ことペ・ヨンジュン氏はハワイでコーヒーに目覚め、コーヒービジネスを始めるため時折日本に視察に来ているらしい。

かんさく【間作】

コーヒーの生産は小規模農家によるところが多く、土地が狭いため豆や芋、野菜や果物なども一緒に栽培している。食用作物はシェードツリーにもなり、家畜のエサや燃料にもなる。

ギーク【geek】

対象のものについて深い知識を持った人のこと。英語版「オタク」。コーヒーギーク＝コーヒーオタク。

キーコーヒー【KEY COFFEE】

1920年に創業された日本のコーヒー製造・販売会社。「コーヒーという情熱」というコピーを掲げており、企業理念は「コーヒーを究めよう。お客様を見つめよう、そして心にゆたかさをもたらすコーヒー文化を築いていこう。」

レベルの高いトアルコ・トラジャ

キース・ファンデルベステン【KEES VAN DER WESTEN】

エスプレッソマシンの彫刻家とも呼ばれるオランダ人。1980年代にベルギーで工業デザインを勉強していた彼は、卒業制作にエスプレッソマシンを選び、その後も着々と新しいデザインを生み出している。「早く淹れられるエスプレッソはそれに見合った外観でないといけない」という理念に基づき、彼のデザインするエスプレッソマシンは機能的でありながら斬新なフォルムと圧倒的な存在感を放っている。

COOL

男の子が好きそうな…

北原白秋【きたはら はくしゅう】

1885年生まれの日本の詩人。石川啄木らとともに「パンの会」というコーヒー愛好会のメンバーとして会合を開いていた。「やわらかな誰が喫(の)みさしし珈琲ぞ紫の吐息ゆるくのぼれる」というコーヒーにまつわる詩も残している。

コーヒーがあれば

しあわせ

喫茶キャッツ・アイ

漫画家・北条司の作品に何度となく登場する架空の喫茶店。『キャッツ♥アイ』では泪、瞳、愛の経営する喫茶店として、『シティハンター』では凄腕スナイパー伊集院隼人（海坊主）が表の顔として運営。『エンジェル・ハート』では海坊主と呼ばれる黒人のスナイパー（シティハンターとは別人）が経営している。『キャッツ♥アイ』のリメイクでは吉祥寺に移店された。

漫画『キャッツ♥アイ』より

きっさてん【喫茶店】

コーヒーなどの飲み物と軽食を提供する飲食店のこと。70年代に喫茶店ブームがあり一気に増えたが、現在は当時の半分ほどとなってしまった。ゆっくりと空間とコーヒーを楽しめる喫茶店は、スペシャルティコーヒーとの相性もよいことから、海外のコーヒー関係者からの評判も高く、復活が期待される。

ホットケーキ
ナポリタン
コーヒー

きなさん【キナ酸】

コーヒー豆やクランベリーに含まれ、酸味のもととなる成分。焙煎することで多く発生する。尿を酸性に保つ効果があり感染症の予防にも。

ギフト【gift】

贈り物。インスタントをはじめ保存が効くタイプのコーヒーは、お中元やお歳暮などでも貰って嬉しい人気の商品。

With おかし

Xマスなどイベントにちなんだブレンド豆もプレゼントにgood！

キャニスター【canister】

豆を保存する容器。

ギャルソン【Garçon】

英語では男性ウエイター、フランス語では男の子を意味する。フランス料理店で主に使用されており、英語の「ボーイ」と同義語。コム・デ・ギャルソンは「少年のように」「少年の持つ冒険心」という意味。

少年じゃないけどギャルソン

キューグレード【Q grade】

数あるスペシャルティコーヒーの中でも世界最高級と認められたもの。

キューバ共和国【Republic of Cuba】

カリブ海に面したラテンアメリカの共和国。文学や音楽などの文化は他国に多大な影響を与えているものも。気候、土壌もコーヒー栽培に適しており、水晶がとれる山岳地帯で栽培された「クリスタルマウンテン」が有名で、日本がほぼ独占輸入している。

きょうと【京都】

日本の近畿地方にある都市で、1869年まで日本の首都であった。日本で一番コーヒー消費量の多い都市でもある。町中にカフェも数多くあり、他の都市に流されない独自のスタイルの店も多数。

ぎょうむようこーひー【業務用コーヒー】

企業や学校など大人数で使用することを目的とした商品。パッケージなどは簡略化されているものも多く、量も多いので結果として安く購入することができる。

きり【霧】

細かな水の粒が空中に浮かんだ状態。直射日光が苦手なコーヒーの木を、霧が発生することによって日照をやわらげることも。霧が発生する＝昼夜の寒暖差が大きいことを意味するため。良いコーヒーチェリーを育てる環境要因の1つ。

ギリシャ共和国【Hellenic Republic】

ヨーロッパの南東に位置する共和国。長寿の秘訣としてコーヒーはよく飲まれている。主流の飲み方は細かく挽いたコーヒーと砂糖を小さなブリキの鍋に入れ、上澄みを飲む「ギリシャコーヒー」。ほぼトルココーヒーと同じだが、トルコと仲の悪いギリシャでは「ギリシャコーヒー」と呼んでいる。

きりすときょう【キリスト教】

世界三大宗教のひとつで、救世主・イエスキリストを信仰している。もともとコーヒーは「悪魔の飲み物」として禁じられていたが、興味をもった教皇が取り寄せて飲んでみたところあまりに美味だったため、洗礼を施し真のキリスト教徒の飲み物としたという。

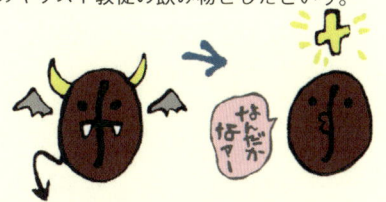

キリマンジャロ【Kilimanjaro】

アフリカ東部タンザニアの北東部にそびえる5895mのアフリカ最高峰の山。キリマンジャロ山の斜面で栽培されているコーヒーもそのまま「キリマンジャロ」と呼んでいる。海が隆起した2000m級の高地で育つため個性的な風味が出やすく、グレープフルーツを思わせる柑橘系でフルーティな甘味をともなった酸味が特徴。

きんぞくふぃるたー【金属フィルター】

金属でできたフィルターで、ハンドドリップ用・エアロプレス用のものがあり、紙だと吸収されてしまうコーヒーオイルも一緒に抽出されるため、より深い味わいを堪能できる。また、壊れにくく繰り返し使用できるのでエコロジーの観点からも注目されている。

ぎんぴ【銀皮】

別名シルバースキン。コーヒー豆の外側を覆っている銀色の薄い皮のことで、豆の精製行程でほぼ取り除かれる。

グアテマラ共和国
【Republic of Guatemala】

中央アメリカ北部に位置する国で、中央アメリカの中ではメキシコに次いで2番目に人口が多い国。国土の70％が山岳地で、寒暖の差がある気候と適度な湿度により、高品質で人気の高い豆を生産している。コーヒーの等級は産地の高度で7等級に分類されていて、最高級グレードの豆は標高1350m以上で、SHB（ストリクトリー・ハード・ビーン）と呼ばれている。

クエーカーズ【quakers】

発育不良の生豆や焙煎後全体の豆の中で色づきが悪い豆のこと。

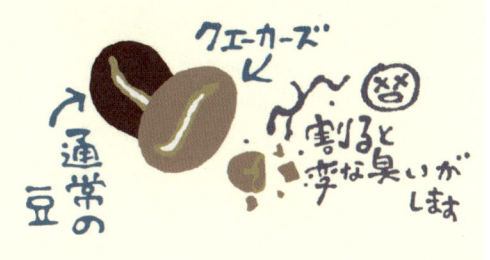

クオリティー【quality】

性質・品質のこと。

ククサ【kuksa】

フィンランド・ラップランドのサーメ族に伝わる白樺のこぶをくり抜いて作る手作りのマグカップのこと。ククサを贈られた人は幸せになると言い伝えられている。

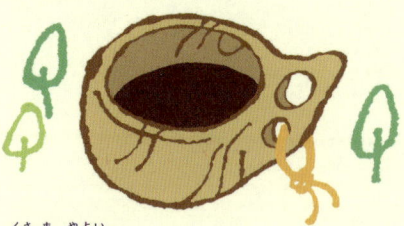

草間彌生
（くさまやよい）

「わたし大好き」な日本の彫刻家・芸術家。水玉モチーフのカボチャが有名だが、コーヒーカップ、朝が来たなどの版画シリーズで、コーヒーモチーフの作品も制作している。

くすり【薬】

体に健康的に作用するもの。薬の種類によってはコーヒーのカフェインが薬と反応し、良くない効果を生むこともあるため、一緒に飲む場合は注意が必要。

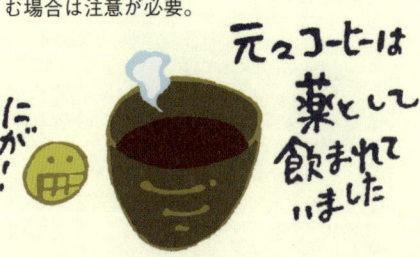

元々コーヒーは薬として飲まれていました

にが！

クッキー【cookie】

小麦を主原料とした焼き菓子。アメリカ以外の英語圏ではビスケット、フランスではサブレなどと呼ばれることも。おやつにコーヒーと一緒に食べるのはもちろん、コーヒーの粉を小麦に混ぜてコーヒー味のクッキーにしても美味しい。

グッズ【goods】

商品・品物など。近年コーヒーショップやロースターではコーヒーの販売だけでなく、店舗のロゴなどを使用したカップやTシャツなどを販売する店も多い。優れたデザインのグッズも多数あり、コレクターズアイテムとして人気。

グッドインサイド【good inside】

地域社会と環境に配慮しながら生産している生産者を示す認証。旧ウツカフェ（51P）。

クバーノ【cubano】

キューバ式コーヒー。ショットグラスのような入れ物にエスプレッソと砂糖、こってりとしたクリームが乗ったもの。

濃一

グラインダー【grinder】

焙煎された豆を粉砕する機械で、種類や好みの風味に挽き方を調整できる。コーヒーミルと同じものだが、主に業務用の呼び名として使われることが多い。手動式・電動式や、粉砕方法が異なるものなど種類も様々。

ロールグラインダー
二つのロールの間に豆を通すことで粉砕する方法。ロールの間隔を変えることで粉の大きさを調節する。早く均一に粉砕できるが、高価なため主に業務用に使用されている。

フラットカッター
固定された歯と回転歯から成り立つ電動式グラインダー、業務用で最も普及している。歯の素材はセラミックスと金属があり、形状も様々。

コニカルカッター
フラットカッター同様、固定された歯と回転歯から成り立っている。コニカル＝円錐状という意味があり、電動タイプと手動タイプのミルがある。手動の場合は豆を挽くスピードでも粗さが変わるため、同じスピードでハンドルを回すのがコツ。

ブレードグラインダー
別名プロペラ式ミルと呼ばれ、電動式の中で最も安価なため、家庭では最も普及している。粉の大きさを固定できず、微粉が出るため、なかなか安定した粉砕ができないのが難点。

手動タイプで豆を挽く感触を感じるのもイイ…

エスプレッソ用グラインダー
エスプレッソ用の細かい粉を入れるのに適したグラインダー。ポルタフィルターもセットできる。

グラインド【grind】
コーヒー豆をグラインダーで挽く行為。それぞれ淹れ方に合ったグラインドをすることによって、コーヒーの味と香りを引き立てる効果がある。

クラシフィカドール【classificador】

別名コーヒー鑑定士。ブラジルの資格制度で現在国家レベルで公認されている唯一の資格。コーヒーの品質審査だけでなく、ワインのソムリエと同様に買付、国内販売、輸出などの商才も持ち合わせた、いわばコーヒーマスター。品質を客観的に見極めることはもちろん、相場や英語その他の語学力なども求められる。

グラッツィエ【grazie】

イタリア語で「ありがとう」を意味する言葉。イタリアで美味しいコーヒーを淹れてもらったらこう答えたい。

グラニータ【granita】

イタリア版かき氷。冷凍庫で凍らせたエスプレッソを砕いてシャーベット状にしたもの。仕上げに生クリームやチョコレートシロップ、ナッツを乗せたものも。地域によってはグラニタ・グラニテなどと呼ばれることも。

グラン・クリュ【grand cru】

フランスのワイン畑の格付けの1つで最上級のもの。ネスプレッソの商品名やコーヒーハンター川島氏が作り上げた、ボトル入りの最高級コーヒーの名前にもなっている。

グランデ【grande】

ラテン語・イタリア語で「偉大」「大きい」を意味する言葉で英語の「グランド」に相当する。カップサイズの呼称で大きさはLサイズに相当する。

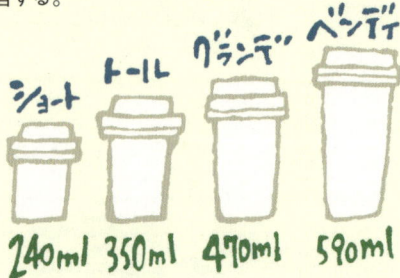

クリープ【creap】

森永乳業の商品でミルク生まれの成分を原料にしたクリーミングパウダー。コーヒーに入れるとミルクの風味が広がる。ビン入りで保存性が高い。詰め替え用の袋入りもある。

クリーム【cream】

乳製品の一種で牛乳を分離させて脂肪分を取り出したもの。

クリーンカップ【clean cup】

コーヒーの味の透明性を表す言葉。雑味のない澄んだ味わいのこと。

グリーングレーディング【green grading】

生豆の品質を評価する方法のひとつで、欠点豆がないかどうかチェックすること。

グリーンビーンズ【green beans】

焙煎する前の豆のこと。

クリスタルマウンテン【crystal mountain】

キューバの豆で甘味と酸味、苦味のバランスがよい品種。中部のエスカンブライ山脈で栽培され、日本がほぼ独占輸入している。

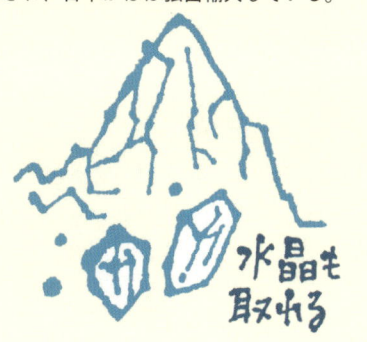

グレインバッグ【Grain bag】

3層構造で中間に薄い空気の層がある、ビニールでできている袋のこと。生豆と外気とを遮断できるので過酷な輸送に向いている。

グレード【grade】

コーヒーの生豆の等級のこと。国ごとに基準が設けられており、格付けされている。

クレバーコーヒードリッパー【clever coffee dripper】

ドリップとエアロプレスの間のようなドリッパー。コーヒーの粉をダイレクトにかき混ぜて、時間を置いてから落とすのが特徴。比較的誰でも安定した味のコーヒーを淹れることができるコーヒー器具。

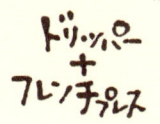

クレマ【crema】

エスプレッソの表面にできるきめ細かいクリーム状の泡の層のこと。かき混ぜても消えない状態が理想とされていて、厚みのあるクレマはまろやかな味わいでエスプレッソの香りを閉じ込めてくれる。

Photo : Daisuke Murayama

くろくてにがいのみものなり
【黒くて苦い飲み物なり】

コーヒーを飲み慣れていない人が思うコーヒーのイメージ。ラテやカフェオレなどから慣れてゆき、気付いたらブラックで飲めるようになってくることも多い。

クロップ【crop】

生豆を意味する言葉。時間の経過により呼び名が変わり、新しく収穫した豆はニュークロップ、その年に収穫された豆はカレントクロップ、前年度収穫の豆はパーストクロップ、それ以前に収穫された豆はオールドクロップと呼ばれる。

くろろげんさん【クロロゲン酸】

ポリフェノールの一種でコーヒーの色や香りの元となっている。脂肪の蓄積を抑える効果や、抗酸化作用があり老化防止にもよいとされている。

クロワッサン【croissant】

フランス発祥とも、ウィーンで敵対するトルコの国旗を模して作られ始められたともいわれている三日月型のパンで、バターがたっぷり入った生地を何層にも折り畳んで作られ、サクサクとした食感が美味しい。フランス人は朝食をクロワッサンとカフェオレで済ますとか済まさないとか。

けあようひん【ケア用品】

コーヒー器具もこまめに手入れをすることによって長持ちさせることができる。

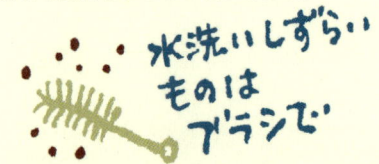

げいしゃしゅ【ゲイシャ種】

エチオピアのゲイシャという町で発見された品種のひとつで、原種に近く生産性が低いが、香水のようなフローラルの香りとオレンジのような酸味があり、華やかで、コーヒーであってコーヒーでないような味わいは世界最高級のコーヒー豆といわれている。パナマのエスメラルダ農園のゲイシャは有名。

ケーキ【cake】

小麦と卵バターなどを混ぜて焼き上げた洋菓子の一種。スポンジケーキ、チーズケーキ、パウンドケーキ、パンケーキなど種類は様々。おやつに出されることも多く、コーヒーと一緒に楽しみたい。生地やクリームにコーヒーを混ぜ込んだコーヒーケーキ、モカケーキなどもある。

ケニア共和国【Republic of Kenya】

東アフリカにある共和国。19世紀末にキリスト教の宣教団が種を持ち込み、栽培したのが最初といわれている。雨期が年に2回あるため、年に2回収穫でき、11月から翌年はじめにかけて収穫されるコーヒーをメインクロップ、6〜7月に収穫されるコーヒーをフライクロップと呼ぶ。品質はメインクロップのほうが高い。精製方法はほぼウォッシュト、パーチメントは水の中で比重選別されるが、比重の重いパーチメントほど品質が良いと考えられている。乾燥は棚での天日乾燥が主流。

けんとしゅ【ケント種】

インドの品種でティピカ種と他の品種との雑種で、ケント氏が発見したことからケント種と呼ばれている。さび病への耐性があるため生産性は高く、ハードだが酸味はまろやか。

小泉硝子製作所
（こいずみがらすせいさくしょ）

1912年小泉重蔵により創業された、ビーカーやフラスコなど理化学医療用ガラス製品を中心としたガラスメーカー。小泉硝子製作所が生まれ育った東京『三ノ輪2丁目』から名前をつけた『三ノ輪2丁目ネルドリッパー』は一つひとつ熟練した職人が手吹きで作ったこだわりの一品。豆の量やお湯の温度などいろいろ試行錯誤しながらコーヒーを入れる仕草はサイエンティフィックでもある。

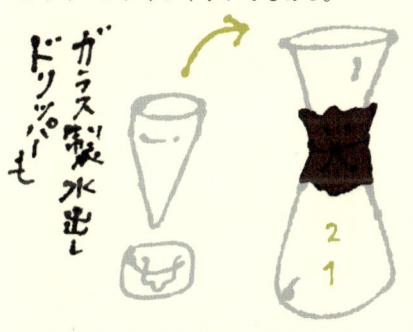

ケメックス【CHEMEX】

1941年に誕生したコーヒーメーカー。三角フラスコとろうとを合体させたようなガラス製のボディはインテリアとしても人気。フィルターはステンレスのコーンでもペーパーフィルターでもどちらでも美味しく淹れることができる。

こうふくしすう【幸福指数】

国の幸福度のことで、主に物質的な豊かさよりも精神面の豊かさを数値として計っているのが特徴。上位は北欧諸国が占めており、日本は40位前後と高くはない。人はコーヒーを飲むときに幸せを感じることが多いとされている。お金では買えないゆったりとした時間を大切にしたい。

こうかんしんけい【交感神経】

自律神経の1つで運動などを行う際に活発になる。コーヒーを飲むと目が覚めるように、カフェインの効果で交感神経が活発になる。

こーのめいもんふぃるたー 【KŌNO 名門フィルター】

珈琲サイフォン社の円錐形ドリッパーの代名詞。もともとプロ用に作られたドリッパー。円錐形に大きな1つ穴が空き、そこから伸びるリブ（突起物）によって湯をコントロール。湯を注ぐスピードによって味を調節できるのが特徴。

コーヒー【coffee】

コーヒー豆を焙煎した粉末から湯、または水で成分を抽出した飲料。アルコールやお茶に比べ歴史は浅いが、世界で最も飲用されている嗜好飲料である。

コーヒーアーン【coffee urn】

アメリカで考案された蛇口つきコーヒー沸かし機。

大人数だと便利

コーヒー＆シガレッツ 【coffee and cigarettes】

2003年公開のジム・ジャームッシュ監督作品。11の作品からなるオムニバス映画。登場人物たちがコーヒーと煙草を吸いながら会話をしているだけの映画。役者は全て本人役、コーヒーカップで乾杯する仕草は楽しげで真似たくなる。モノクロ映画とコーヒーも相性バツグン。

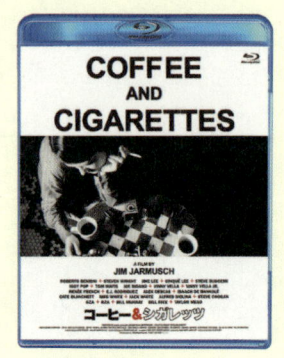

こーひーいんりょう【コーヒー飲料】

「コーヒー飲料などの表示に関する公正競争規約」に従った、リキッドコーヒー製品の分類の中の1つ。製品内容量100g中の生豆使用量が2.5ｇ以上5ｇ未満のものをいう。

珈琲館
（こーひーかん）

UCC が運営するコーヒーチェーン店。デキャンタ、プレスなど飲み方を選べるのも嬉しい。ゆったりとした空間で落ち着いてコーヒーを飲める店が多い。

珈琲貴族
（こーひーきぞく）

①都内を中心に展開しているサイフォンで淹れてくれる本格的なコーヒー専門店。新宿にある「珈琲貴族エジンバラ」は24時間営業でお勤めの方にも重宝されていたが、2014年にビルの老朽化のため一時閉店。2015年に再オープン。②日本の漫画家・イラストレーター。コーヒーと学園コスチュームが好きで萌え系の絵が人気。

こーひーぎゅうにゅう【コーヒー牛乳】

銭湯で風呂上がりに腰に手を当てて飲む、ビン入り牛乳。外しづらい紙の蓋は最近プラスチックに改良されてちょっと悲しい…。厚みのあるビンの口が飲み口をやわらかくしてくれる。

こーひーさんかくちたい
【コーヒー三角地帯】

コロンビア、アンデス山脈の麓にある、カルダス、キンディオ、リサダルラのこと。世界有数のコーヒー生産地帯。

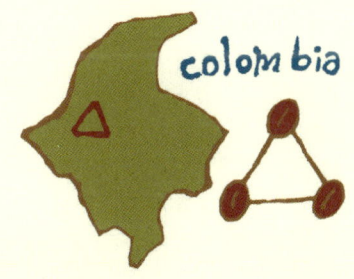

こーひーぜりー【コーヒーゼリー】

コーヒーをゼラチンや寒天で冷やし固めた日本生まれのデザート。コーヒーミルクやガムシロップなどをかけても美味しい。1963年ミカドコーヒー軽井沢店で「食べるコーヒー」として考案されたのが始まりとされている。意外にも海外では知られていないが、食べたことのある外国人には概ね好評のようだ。

こーひーのひ【コーヒーの日】

国際協定により秋冬に需要が高まることから10月1日を日本のコーヒーの日としている。「世界コーヒーの日」は9月29日で無料でコーヒーを配る店も。また、スターバックスは毎月20日を「フェアトレードコーヒーの日」としていて、フェアトレードイタリアンローストを提供している。

コーヒーパーティ【coffee party】

アメリカの政治用語で、保守派の「ティーパーティー運動」に対抗するため誕生した、オバマ支持のリベラル派の草の根運動のこと。

コーヒーハウス【coffee house】

17世紀から18世紀にかけてイギリスで流行した喫茶店で、社交場としての機能も兼ねた。コーヒーハウスでは酒は出さず、コーヒー・煙草を楽しみながら新聞や雑誌を読んだり客同士で政治談義や世間話をするなどした。基本的に男性のみで女性客の出入りはなかった。その後は紅茶がコーヒーに代わる非アルコール飲料として市民生活に定着していった。

コーヒービーンズチョコレート
【coffee beans chocolate】

ローストしたコーヒー豆にチョコレートを絡めたお菓子。苦味と甘味が交差する大人の味。

コーヒープリンス1号店

2007年に放送された韓国ドラマで、亡くなった父の代わりに大黒柱として家計を支える少女コ・ウンチャンが、御曹司ハンギョルに男と勘違いされイケメンしか雇わないカフェ「コーヒープリンス」に雇われ、バリスタを目指す話。男と思いつつウンチャンに惹かれるハンギョルとの恋の行方は如何に？！

コーヒーフレッシュ【coffee fresh】

コーヒーに加えられる小型カップ入りのクリーム。植物性脂肪に水と乳化剤を加えたものが主で、常温で日持ちがするため喫茶店などによく置かれている。

コーヒーベルト【coffee belt】

南北回帰線（北緯約25度・南緯約25度）の熱帯地方で、コーヒー栽培が可能な地方のこと。このベルトの中で標高が高く平均最低気温が15℃、平均最高気温が30℃の間で充分な雨量と強烈すぎない日照が良質なコーヒーを作る条件となる（23P）。

こーひーほうちき【コーヒー報知器】

留置所で日に二度、報知器という札を舎房の外に出すと担当の刑務官が来てカップのコーヒー、ココアに湯を注いでくれるシステム。

こーひーるんば【コーヒールンバ】

松竹芸能のお笑いコンビ。平岡氏の趣味はコーヒー屋めぐりとコーヒー豆の焙煎、無限にせなかで音を鳴らすこと（せなら）ができるとのこと。タリーズ3店舗で店長として働き、店舗最高売り上げも更新。相方の西原氏は心理士の資格を持っている。

こーひーろーる【コーヒーロール】

コーヒー風味のスポンジ生地でクリームを巻いたロールケーキ。コーヒーのほろ苦さが後をひく味わい。

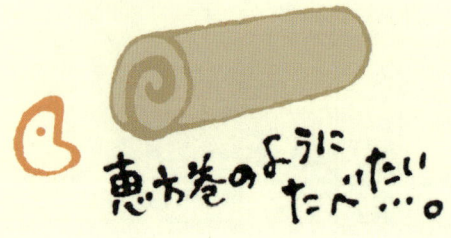

コーラ【cola】

コーラの実から抽出したエキスを炭酸で割った飲み物のこと。ただし現在コーラの実はあまり使われていないようで、砂糖やシトラスオイル、香辛料などを混ぜ合わせ炭酸で割った飲み物となっている。コーヒー同様カフェインが入っているため興奮作用がある。コーヒーとコーラを混ぜ合わせるとビールのような風味になるともいわれ、カクテルにもなっている。両方ともカフェイン含有飲料なので、眠気覚ましによさそう。

ゴールデンコーヒー【golden coffee】

ドイツ人が疲労回復のためによく飲む卵入りのコーヒー。濃いコーヒーが卵の生臭さを消し口当たりがよい飲み物になるとか。

コールドブリュー【cold brew】

水出しアイスコーヒーのこと。最近では手軽なパックなどもよく見かけるが、好みの豆で自分で作っても楽しい。

こく【コク】

旨味の重なり、ハーモニーのこと。英語ではbodyと表現される。

国際コーヒー機構

ICAの運営を管理するために作られた政府組織。本部はロンドン。

国際コーヒー協定

コーヒーの需要と供給のバランスを取り、世界的に公正で生産者が採算をとれる価格にコーヒーの値段を安定させることを目的としている。日本は1964年から参加。

ごげんみ【五原味】

甘味、酸味、苦味、旨味、塩味と味を表す5つの言葉。

ココア【cocoa】

カカオの種子を焙煎したカカオマスからココアバターを分離した粉のこと。鉄分が多く、貧血や高血圧にも効果的。ココアにインスタントコーヒーを少し混ぜると甘さが抑えられカフェモカのようで美味しい。

コスタリカ共和国
【Republic of Costa Rica】

中央アメリカ南部にある共和国。中米の中では治安がよく、環境保全を重視した対策なども取られている。高品質のコーヒーのみを生産するため、ロブスタ種の栽培は禁止されている。豆は上品で柑橘系のフレーバーが印象的。

火の鳥モデルケツァール

バードウォッチングとコーヒー農園見学ツアーとかある。

こっこ【coco】

ブラジルでのドライチェリーの呼び方。生豆中にコッコが混じり込んでいると、欠点に数えられる。

ゴッチャート【gocciat】

エスプレッソの飲み方の1つでマキアートのミルクの量を半分にしたもの。

ことわざ【諺】

昔から言い伝えられていた、教訓や知識を短い言葉でまとめたもの。コーヒーにまつわることわざも世界各国で伝えられている。トルコ「1杯のコーヒーには40年の思い出がある」、「コーヒーは地獄のごとく黒く、死のごとく強く、恋のごとく甘くあるべし」、オランダ「コーヒーには2つの美徳がある、1つは濡れていること、もう1つは暖かいこと」、ポーランド「愛のない夫婦とは、砂糖の入っていないコーヒーである」、イタリア「カップとスプーンのようだ」。

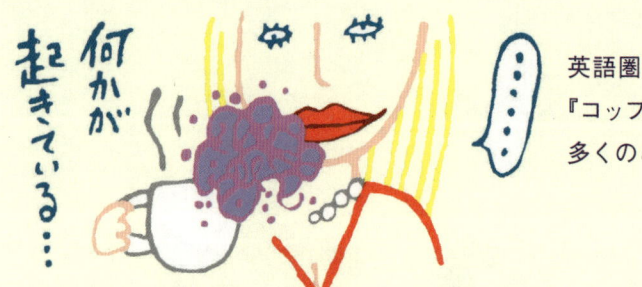

英語圏
『コップと唇の間で多くのことが起こる』

何かが起きている…

ドイツ
『コーヒーと愛は、熱いときが一番である』

愛もコーヒーもぬるくなってからもいいですけどね

コナ【kona】

ハワイ島の西側、コナ地区のこと。コナで栽培されるアラビカ種のコーヒーをコナコーヒーと呼ぶ。標高は220〜800m程度と高くはないが火山灰の影響を受け、コーヒーの木に必要な栄養分を蓄えた土壌と昼夜の寒暖差など、栽培に理想的な条件が揃っているため上質な豆ができる。生産性が少なく、人件費も高めのため高価な豆でもある。

ハワイ州からコナコーヒーと
認定される5つの等級

	高
エクストラファンシー	
ファンシー	
No.1	
セレクト	
プライム	

『ハワイ・コナ』は豆のサイズと欠点豆の含有度で決められ、この5つのグレード以外の豆はコナ地区で栽培されていても『コナ・コーヒー』と呼ばれても『コナ・コーヒー』と呼ばれない。エクストラファンシーと並びピーベリーも最高品質の1つ。

実はコナは私んだけ！

でもコナ・ブレンド▶

コピティアム【kopitiam】

主に東南アジアでコーヒーや伝統的な朝食を販売する店舗。コピはマレー語でコーヒーのこと。

コピルアック【kopi luwak】

ジャコウネコのふんから産出される幻のコーヒー。シャネルの香水にも使用されているというジャコウネコの分泌物がコーヒーに加わり、独特な香りを放つコーヒーとなる。別名アラミド・コーヒー。

コミュニケーション【communication】

複数の人間の間で行う感情や言葉、情報のやりとりのこと。コーヒーのもつ、集中力を高めリラックスさせる成分により、コミュニケーションを円滑に進める効果があるとかないとか。

コメダ珈琲店（こーひーてん）

名古屋発祥の喫茶チェーン店。最近都内にも店舗展開され、朝11時までにドリンクを頼むとトーストとゆで卵が無料で付く名古屋式モーニングサービスは健在。暖かいデニッシュパンにソフトクリームを乗せた『シロノワール』、ボリュームたっぷりな『カツサンド』は有名。

ミニサイズがあるのもウレシイ

コモディティコーヒー【commodity coffee】

一般的に多く流通しているコーヒーで別名コマーシャルコーヒーともいう。これに何か付加価値がついたものをプレミアムコーヒーと呼び、プレミアムの中でも特に香味が優れたものがスペシャルティコーヒーである。

コルタド【cortado】

エスプレッソにミルクを少し足したもの。カップはデミタスサイズ。食事のシメに丁度よい。

Espressoが苦手な方に

コロイド【colloid】

コーヒー豆の中の大きさの違う粒子。この粒子の元になるのがコーヒーの脂質、タンパク質、糖質などである。

コロンビア共和国【Republic of Colombia】

南アメリカ北西部にある国で世界3位のコーヒー生産量を誇る。意外にも歴史は浅く、栽培が始まったのはここ100年といわれ、小規模農家が主流。産地がアンデス山脈の山奥に集中しており、急斜面のため作業は手作業を中心としている。赤道付近に位置するため、年に2回収穫期がある。

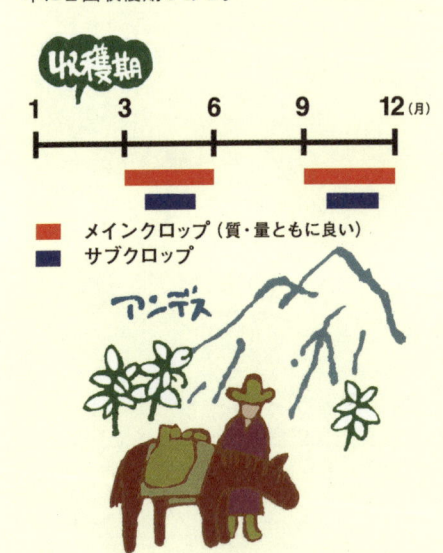

コン・イエロ【con hielo】

スペインのアイスコーヒーのこと。エスプレッソと氷を入れたグラスが出てきて自分でグラスに注ぐスタイル。

コンチネンタルフロスト【continental flost】

別名コーヒーフロート（157P）。

コンチャ【concha】

コーヒーの種子を蒔いて約2カ月、二葉が出揃った状態のこと。

コンビニエンスストア【convenience store】

年中無休24時間営業の小規模な店舗のこと。食品や日用雑貨など大抵のものは揃うため、一人暮らしの人を中心に活用されている。最近ではコーヒーにも力を入れ始めており、100円ほどで淹れたてのコーヒーが飲める店舗も。

コンレチェ【con leche】

カフェソロにミルクを注いだ、いわばコーヒー牛乳のこと。コーヒーとミルクの量はほぼ同量。

サードウェーブ【third wave】

シアトル系に続くコーヒーカルチャー。90年代後半に始まり、初期の興りは北欧。バリスタたちが集まり、高品質なコーヒー豆を産地と直接取引する「ノルディック・アプローチ」が始まったことに端を発する。この動きはアメリカにも波及し、サードウェーブ御三家『インテリジェンシア』『スタンプタウン』『カウンターカルチャー』が同時期に創業。スペシャルティコーヒーの魅力を顧客にわかりやすく提示するスタイルが受け、西海岸地域で多くのフォロワーを生む。サードウェーブの本質はダイレクトトレード・スペシャルティコーヒーにあるが、後者のスタイルだけが注目を浴びることが多く、誤用の多い用語。

サーバー【server】

ドリップしたコーヒーを受ける容器のこと。ガラス製で耐熱のものが主流。目盛りがついているものが多いため、分量を計るのにも便利。

サーモマグ【thermo mug】

保温性・保冷性のあるマグカップ・タンブラーのこと。

サイエンス【science】

科学のこと。コーヒーと科学の関係を解いた『コーヒー「こつ」の科学（柴田書店）』は名著。

サイジング【sizing】

生豆を形と大きさで分類すること。

サイフォン【siphon】

コーヒーの抽出器具の1つで、球形の容器（フラスコ）と、ネルフィルターがセットされたろうとからなる。フラスコを熱源によって加熱することで容器内の圧力が高まり、お湯が押し上げられろうとのコーヒー豆と混ざる。加熱を止めるとフラスコは外気によって冷やされて圧力が下がり、ろうとに上がった液体を吸引する力が働いて、コーヒーが濾過されてフラスコに戻る、という仕組み。お湯の温度が高く、圧力によって抽出するため、短時間でコーヒーを作ることができる。味はもちろん見た目にも美しいため、こだわりの喫茶店などで取り入れられることが多い。

サイロ【silo】

レスティングをする際の保存倉庫。外気に影響を受けないよう気温・湿度が一定で風通しがよいことが条件。パーチメントは麻袋などに入れて保管する。

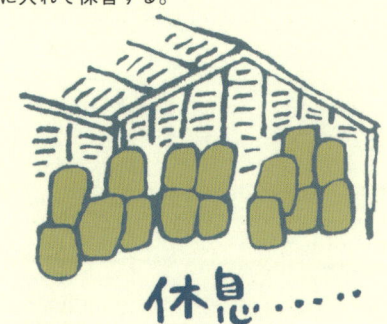

休息……

サステイナブルコーヒー
【sustainable coffee】

持続可能性（サステイナビリティー）を考えたコーヒーのこと。現在だけでなく未来にも配慮し、自然環境や人々の生活を良いものに保つことを目指して生産、流通されたコーヒー。

サッカー【soccer】

ブラジル、イタリア、etc…コーヒーの美味しさとサッカーの強さは関係があるようなないような…。試合前にコーヒーを飲み過ぎるとドーピングで引っかかるとか引っかからないとか。

さとう【砂糖】

サトウキビやビートなどの搾り汁を精製して作る甘味料のこと。コーヒーに砂糖を入れることによって集中力とリラックス効果がアップする。角砂糖やグラニュー糖以外に黒砂糖やブラウンシュガーなどを入れると深みが増す。氷砂糖にカラメルを加えたコーヒーシュガーもあり、溶けづらいが少しずつ甘味が加わるため変化を楽しめる。

さどう【茶道】

日本の伝統で湯を沸かし、茶を点（た）て、振舞う行為。母が茶道の師匠だった俳優の藤岡弘、が日本流にコーヒーを点てて飲んでみたところとてもまろやかで美味しかったという。

さびびょう【さび病】

カビの一種が葉に寄生し、繁殖する様子が赤錆のように見えるため、さび病の名前で呼ばれる。さび病菌の胞子は風に乗って広がり木から木へと空気感染するため、短期間で広い範囲に影響をおよぼす。さび病菌が繁殖した葉は枯れ落ち、最悪の場合それによってコーヒーの木が枯れてしまうため、数年にわたってコーヒー栽培に影響をおよぼす。コーヒーの木がかかる病気の中でもっとも恐ろしいものとされており、過去にはこれによってセイロン島（現在はお茶の産地）のコーヒーが全滅したことも。

サルバドール・ダリ【Salvador Dalí】

スペインの画家、彫刻家でヒゲがトレードマークのシュルレアリスムを代表する作家。『空飛ぶ巨大なデミタスカップ』という作品を残している。

サントス商工会議所

<small>しょうこうかいぎじょ</small>

コーヒーの国ブラジルでコーヒーについてのあらゆることを勉強できる場所。鑑定士コースの全ての課程を修了し卒業試験に合格すればコーヒー鑑定士（クラシフィカドール84P）の資格を取ることができる。

サンドウィッチ【sandwich】

パンにバターやマーガリンを塗りハムやチーズ、野菜など様々な具を挟んだ食べ物。イギリスのサンドウィッチ伯爵がゲームをしながら食べられるものを作らせたのが始まりとされている。ARB の「ファクトリー」の歌詞に、18 になった少年が父親の工場に働きに出始め　コーヒーとサンドウィッチを流し込み毎朝いつものバスに飛び乗る…というフレーズがあるように、忙しい朝に移動しながら食べられるサンドウィッチとコーヒーは 1 日のはじめにぴったりなエネルギー源。

シアトル【Seattle】

アメリカ合衆国ワシントン州北西部にある都市。スターバックスやタリーズが有名だが、インディペンデント系のカフェも充実している。ここ数年のコーヒーの代名詞といえばシアトルのイメージが強い。

しあとるけいこーひー
【シアトル系コーヒー】

シアトルを中心にアメリカ西海岸から発展したコーヒー。スターバックスをはじめ、日本でもよく飲まれており身近な存在。エスプレッソをベースとした濃いめのコーヒーにフレーバーなどを加え、アレンジしたものを主に指す。ここ数年で日本各地に多数出店し、シアトル系コーヒー店があるかないかでその街の都会度が計れる。

シーズナル【seasonal】

季節限定商品のこと。

シェイク【shake】

英語で「振る」を意味する単語で、主にミルクをベースとした、アイスとジュースの間のような飲み物。フラペチーノと違い氷をミキサーで撹拌しないため、ミルクが強くまったりとした味わい。モスバーガーにはコーヒー味がある。

JBA 認定校
にんていこう

日本バリスタ協会（JBA）がライセンススクールとして認定したスクール。JBA が定めたカリキュラムにより、授業を行う。

JBA マエストロ

JBA インストラクターか、JBA バリスタレベル 3 の有効なライセンスを持ち、かつ卓越した技能や知識と後進の模範になるような人間力、業界振興における功績がある人物に与えられる称号のこと。

JBA ライセンス

JBA 認定校でのスクールを受講〜修了し、ライセンス試験をクリアすることで取得できる。レベルは 1 から 3 まで、順番に受ける必要がある。インストラクター向けのライセンスもある。

ジェイク・フライド【Jake Fried】

アメリカ・ボストン在住のアニメーター。2013 年に発表した『Down Into Nothing』をはじめ、インク・修正液・コーヒーを使ったアニメーションを制作している。コーヒーは修正液に適度なシミを残すため、より絵画的な画面となるようだ。

The Deep End ／ Jake Fried©

ジェイソンスペシャル【Jason special】

アメリカのミュージシャン、ジェイソン・ムラーズが好んだスターバックスのオリジナルカスタマイズドリンク。欧米では有名なカスタマイズの 1 つで、チャイティーラテにエスプレッソを追加し、ミルクを豆乳に変更したもの。通称では通じないので、オーダーの際にはカスタマイズ内容をきちんと伝えよう。

バリスタ
レベル 3

バリスタレベル 2

バリスタレベル 1

プロ向けのバリスタライセンス。スクールを受講後、有効期限以内にライセンスの試験を受け、合格すると認定証とライセンスカード・バッジを発行してもらえる。レベル 1 を合格するとレベル 2 を受講できる。インストラクター向けのライセンスもあり。

ジェームズ・ボンド【James Bond】

イギリスのスパイ小説・映画の主人公で007のコードネームを持つエリート諜報員。イギリスといえば紅茶が主流だが、ジェームズ・ボンドはコーヒー党である。英国式朝食でカップに注がれるのは紅茶ではなくコーヒー。スパイという孤独な職業にはお茶よりコーヒーのほうが似合う気がする。

シェードツリー【shade tree】

コーヒーを直射日光から守るために植えられた植物のこと。コーヒーの木と一緒にバナナやマンゴー、豆科の植物など背の高い樹木を植え、日陰を作るだけでなく強風から守り、土の養分を保持したり、落ち葉が肥料となるなどのメリットも。コーヒーを植える面積が減り、機械を導入しづらくなるためコーヒー自体の生産量は少なくなるが、野生のコーヒーと生育環境が近くなるため、品質によい影響を与えやすいとされている。

シェケラート【Shakerato】

イタリア風アイスコーヒー。シェイカーにエスプレッソと砂糖を入れてよく混ぜ、氷を加えてシェイクして作る。氷が落ちないようにグラスに注いで完成。

シェ・パニース【Chez Panisse】

カルフォルニア州バークレーにあるオーガニック発祥のレストラン。オーガニック運動の創始者として知られる、作家のアリス・ウォータースが開店、体によくて美味しくて見た目も美しい料理は、世界のトップレストラン100に何度も選ばれている。コーヒーはブルーボトルコーヒーの豆を使用しているとか。

ジェラートコンカフェ【Gelato con caffé】

イタリアのデザートでバニラアイスに熱いエスプレッソを注いだもの。別名アフォガート。

しお【塩】

調味料の1つで、塩化ナトリウムを主な成分としている。天然のものは「岩塩」「海塩」などが挙げられ、人工のものよりミネラルなどを豊富に含み、まろやかで複雑な味わいのものが多い。コーヒーといえば砂糖を入れる人がほとんどだが、ほんの少し塩を入れることで味がひきたつ効果がある。エチオピアでは塩入りコーヒーはあたりまえのように飲まれているという。

じかばいせん【自家焙煎】

別名ホームロースト。喫茶店や家庭で、小型焙煎機や網、フライパンなどを使って生豆を焙煎すること。焦げやすいのではじめはシティロースト程度で止めた方が無難。きれいに仕上げるのは難しいが自分で焙煎したコーヒーを飲むのは店とは違った満足感があるはず。生豆はアマゾンなどでも購入可能。 自分の好みの量を好きなときに手にすることができるので、いつでも新鮮なコーヒーを飲むことができ、ちょっとしたプレゼントにしても喜ばれる。

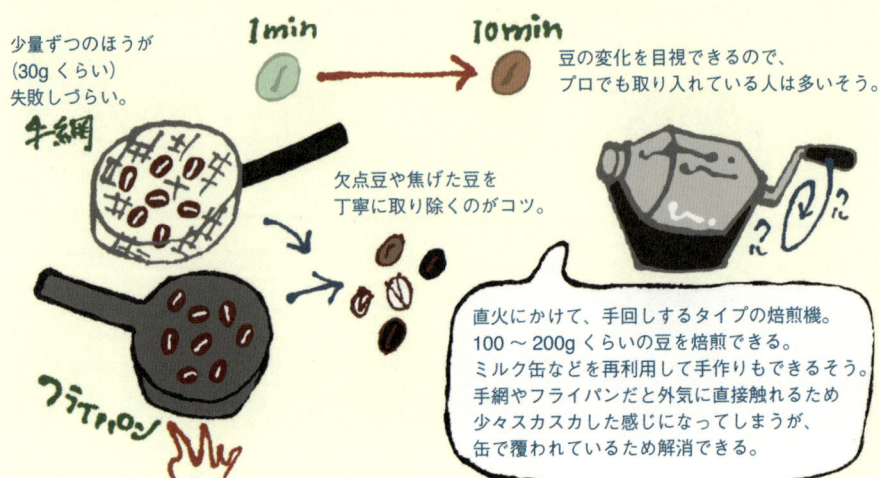

少量ずつのほうが
(30g くらい)
失敗しづらい。

1min → 10min

豆の変化を目視できるので、
プロでも取り入れている人は多いそう。

手網

欠点豆や焦げた豆を
丁寧に取り除くのがコツ。

フライパン

直火にかけて、手回しするタイプの焙煎機。
100 ～ 200g くらいの豆を焙煎できる。
ミルク缶などを再利用して手作りもできるそう。
手網やフライパンだと外気に直接触れるため
少々スカスカした感じになってしまうが、
缶で覆われているため解消できる。

シグネチャービバレッジ
【signature beverage】

エスプレッソを使ったオリジナル・ノンアルコールドリンクのこと。「シグネチャー」＝サインの意味を持つ。JBC の準決勝からの競技の１つとなっている。シグネチャードリンクとはほぼ同意語。

JBCやWBCでは年々複雑に
なる傾向がありますが、
2012年度 鈴木さんは
あえて オーソドックスな
アイスアメリカーノをチョイスし
見事優勝しました

途中、アカシアハチミツ
を加え、味に変化を

しぜんこうはいしゅ【自然交配種】

虫などを通じて自然に異種交配が行われた種。

シティロースト【city roast】

中煎り。チョコレート色で酸味と苦味のバランスがよく、コクも感じる。日本で最も一般的なロースト。「シティ」の由来はニューヨークシティからとか。

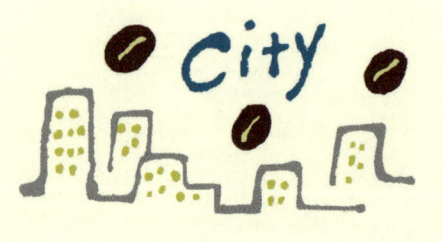

city

シトラス 【citrus】

レモンやオレンジなどの柑橘類の総称。

シナモンロースト 【cinnamon roast】

少しコーヒーの香りが出始めたくらいの浅煎りの状態。シナモン色をしているためこう呼ばれる。豆本来の野性的な酸味を味わうことができるが、青臭く感じられることもあり、一般的にはあまり流通していない。

シナモンロール 【cinnamon roll】

北欧などで食べられているシナモンを巻き込んだパンのこと。映画『かもめ食堂』でのシナモンロールが印象的。コーヒーとの相性もよいからか、様々なカフェで販売されている。

しにまめ 【死に豆】

正常に結実しなかった発育不十分な豆のこと。焙煎しても白っぽい状態で残り、青臭い味になってしまう。

シャーロック・ホームズ
【Sherlock Holmes】

アーサー・コナン・ドイルの推理小説の主人公。名探偵・ホームズの定番朝食はトーストとベーコンエッグとコーヒー。名探偵とコーヒーはとてもよく似合う。

ジャクバード 【jacu bird】

キジの仲間で極上の甘いコーヒーチェリーだけ選んでついばみ、体内を通してコーヒーの実だけを落としていく鳥。この実を集めて精製したコーヒーは透明感あふれきれいな香味をしている。

じゃずきっさ 【ジャズ喫茶】

1950〜60年代に流行した主にジャズのレコードをかける喫茶店のこと。作家・村上春樹氏も20代に経営していたそう。マスターに頼むと好みのレコードをかけてくれ、コーヒー一杯で閉店までねばる客もいたとか。

ジャバ 【java】

ジャワ島産コーヒーの呼称。

ジャバボット 【javabot】

焙煎後にコーヒー豆を保存するためのチューブ型容器で、近未来的な姿をしている。

ジャパンバリスタチャンピオンシップ【Japan Barista Championship】

日本スペシャルティコーヒー協会主催で開催されてきたコーヒーの競技会。略称「JBC」。決められた時間内に「エスプレッソ」「カプチーノ」「シグネチャービバレッジ」の3種類のドリンクを提供し評価される。「World Barista Championship（WBC）」のルールに則り、毎年夏に東京と大阪で予選を行い、その上位16名が東京ビッグサイトで行われる準決勝に出場、準決勝の上位6名が次の日同会場で行われる決勝に進出し優勝者はWBC日本代表として出場できる。日本選手は世界選手権においても好成績を残している。ビッグサイトで行われる決勝は、多くの観客の前で競技が行われ、毎年盛り上がりを見せており、コーヒー業界の一大イベントでもある。

バリスタの作業をより間近で見られる！

1週間ほどかけて行われる、東京と大阪の予選大会には、毎年合計160名ほどの挑戦者がプレゼンテーションする。こちらも誰でも見学可能。未来のチャンピオンがここから誕生するかも。

ドリンク3種

味が気になるシグネチャービバレッジ

審査対象ではないけれど盛り上がるラテアート

基本のエスプレッソ

ビッグサイト

試飲もできる

会場では様々なスペシャルティコーヒー業者がブースを運営しており、その規模国内最大級。カフェやロースターを経営している人たちは、新たなコーヒーと出会える可能性も。

「JBC」以外にもコーヒー関連の様々な大会が行われている。
どの競技も日本大会優勝者は
世界大会出場の切符を手にすることができる。

ジャパンサイフォニストチャンピオンシップ

略称「JSC」。2003 年に JBC のサイフォン
部門として誕生。通常のブレンドコーヒー
と、ブレンドコーヒーを使ったオリジナルシ
グネチャービバレッジを作製、抽出技術を競
う。テーマに沿ったパフォーマンスやプレゼ
ンテーションも見どころ。

ジャパンラテアートチャンピオンシップ

略称「JLAC」。もとは SCAJ 展示会のエキ
シビジョンとして開催されていたが、2009
年に正式に競技化。8 分間の競技時間にカ
フェラテ、もしくはカプチーノ・マキアート、
デザイナーズラテを 2 杯提供、デザインの
独創性とサービス力、衛生面で審査される。

ジャパンコーヒーイングッドスピリッツ
チャンピオンシップ

略称「JCIGSC」。コーヒーにスピリッツ（お
酒）を加えて作るオリジナルコーヒーカクテ
ルの大会。8 分間で 2 杯のアイリッシュコー
ヒーと 2 杯のアルコール入りデザイナード
リンクを作成する。

ジャパンカップテイスターズチャンピオンシップ

スペシャルティコーヒーの基本であるカッピ
ング技術の大会。2009 年に初の日本大会を
開催。選手ごとに問題が 8 つ出題され、3 つ
のカップの中にある産地の違うものを時間内
に当てる競技。最も正解数の多い選手が優勝
となるが、正解数が同じ場合は一番短時間で
当てた選手が優勝となる。

ジャパンブリュワーズカップ

略称「JBrC」。ペーパードリップ、ネルドリッ
プ、フレンチプレス、エアロプレスなど機械
的動力をともなわない器具を競技者が選択し
て抽出技術を競う競技。知識や技術だけでな
く、競技者の個性や表現力が問われる競技。

ジャパンハンドドリップチャンピオンシップ

略称「JHDC」。10 分間の間にペーパー、ま
たはフランネルを使用し、ドリップ技術を競
う競技。予選はトーナメント形式で、決勝は
フリースタイルで行われる。

ジャマイカ【Jamaica】

中央アメリカにあるカリブ海に浮かぶ島国で、国土の80%が山地。その最高峰のブルーマウンテン山脈の山麓で栽培されたコーヒーだけが名乗ることを許されるブルーマウンテンは、豊潤なコクと甘い香りを楽しめる上品な味わいで日本でも人気。

ジャモカコーヒー／ジャモカアーモンドファッジ

サーティワン アイスクリームを代表するコーヒーフレーバー。なんとなく秋口に食べたくなる。コーヒー味のスイーツには知的な雰囲気をプラスする効果がありそう。

ジャワ・ロブスタ【java robusta】

インドネシアのジャワ島で収穫されるロブスタ種のこと。独特の苦味とクセがあるのでブレンドとして主に用いられ、日本の缶コーヒーやインスタントコーヒーに多く使用されている。

ジャンドゥーヤ【gianduja】

チョコレートを使用した菓子の一種で、ナッツのペーストとチョコレートを合わせて固めたもの。カカオが不足した際にヘーゼルナッツで補ったことから生まれたものだが、カカオのほろ苦さとナッツの香ばしさが混じってチョコレートとは違った味わい。一緒に食べるとコーヒーがまろやかな味に。

しゅうかくき【収穫期】

農作物をとりいれる時期。コーヒーの収穫期は主に北半球は10月〜3月、南半球は4月〜9月といわれている。赤道付近などは2回収穫できる地域も。

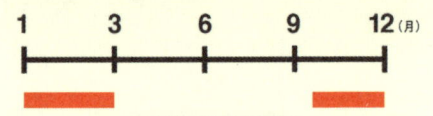

■ 北半球（グアテマラ・エチオピア）
■ 南半球（ブラジル・コロンビア南部）

年中どこかで収穫されてます

しゅうかくさい【収穫祭】

作物の収穫を祝うお祭り。ハワイのコナやカウで行われている収穫祭は歴史があり、有名。豆の早摘みコンテストや農園ツアー、パレードなど日替わりのイベントが50以上あるそう。

チェリーをつないで、アクセサリに

ジュートバッグ【jute bag】

麻袋のこと。生産地から運ばれてくる生豆はほぼジュートバッグに入れられており、意外なデザイン性のよさからリサイクルしてカバンなどに使用しているところも。

デザインもカッコイイ、アグロタケシのジュートバッグ。

じゅうろくしんほう【十六進法】

C0FFEE は COFFEE（コーヒー）に見えることから、プログラミングにおけるプレースホルダとして使われることがある。

#C0FFEE

じゅんきっさ【純喫茶】

酒類を扱わない純粋な喫茶店のこと。女給（ホステス）による接客をともなう「特殊喫茶」に対しての呼称。昭和初期に流行し、「カフェー」や「喫茶店」とも呼ばれていた。

ジョージア【georgia】

1975 年に発売された日本コカ・コーラ社の缶コーヒーブランド。日本の缶コーヒー市場のトップブランドで、主力商品のエメラルドマウンテンブレンド、通称「エメマン」は根強い人気。CMなどの企画も優れており、2001 年吉本芸人を起用した「明日があるさ」はその年の流行語に。2014 年には東京・恵比寿のスペシャルティコーヒーショップ「猿田彦珈琲」監修の缶コーヒー「ヨーロピアン」を発売。

しょくご【食後】

食事が終わって 30 分以内のこと。レストランなどでも食事の後にコーヒーが出てくる場合が多く、コーヒーに含まれるカフェインが胃を活発にして消化を促してくれる。

ショット【shot】

エスプレッソのことで、1 ショット 30cc。別名シングル、ソロなど。

ショットグラス【shot glass】

アルコール度数の高い酒をストレートで飲むためのグラス。エスプレッソを飲む際にも利用される。

じりつしんけい【自律神経】

消化器、呼吸器など体内の活動を調整するための神経。動きを活発にする交感神経と休息するための副交感神経があり、ストレスなどがかかるとそのバランスが乱れることに。(交感神経＝ 88P、副交感神経＝ 149P)

しろいはな【白い花】

コーヒーの木は、雨季の始まりを告げるまとまった雨が降ると、一斉にジャスミンのような甘い香りの白い花を咲かせる。花は 3 日ほどで枯れてしまうが、その後実をつける。最近では地面に落ちる寸前の花を集めて乾燥させ、お茶として楽しむことも。

はかなく美しい…。

シロップ【syrup】

砂糖を煮溶かした液の総称で、果実や香料などを加えたフレーバーシロップはシアトル系のコーヒーによく用いられている。コーヒーを濃いめに抽出して甘味を加え、ゼリーや寒天にぴったりな自家製のコーヒーシロップも作れる。

シングルエステート【single estate】

単一の農園で作られたコーヒーのこと。

シングルオリジン【single origin】

誰が、いつ、どこで作ったコーヒー豆かを一定のレベルまで追跡できるもの。国や地域だけでなく、農園や区画単位で独特の魅力や特徴を伝えたコーヒー。スペシャルティコーヒーは基本的に良いものだけを選り分け作るため、他の農園と混ぜずに流通しているものが多いが、アフリカのように小規模生産者が数十〜数百集まって生産処理場の名称で流通させることもあり、どこまでを「単一」と呼ぶかまではまだ基準が統一されていない。

じんこうこうはい【人工交配】

品種改良を目的として、人の手によって受粉させること。エルサルバドルのコーヒー研究所などで積極的に実験が行われている。

スイートネス【Sweetness】

甘さの質のこと。

すいすうぉーたーしき【スイスウォーター式】

カフェインを生豆から人工的に除去する方法の1つで、コーヒーに含まれるカフェイン以外の水溶性成分を極限まで溶かした水に生豆を浸し、カフェインのみを除去する方法。

スイス連邦【Swiss Confederation】

ヨーロッパの国でフランス・ドイツ・イタリアなどに囲まれた、アルプス山脈と銀行とチーズが有名な永世中立国。コーヒーの世界消費は世界7位と高く、カフェも伝統的なものからモダンスタイルのものまで様々。水が美味しいのでどこのコーヒーも美味しいという。アイスコーヒーを頼むとアイスコーヒーにアイスクリームと生クリームがどっさり乗ったものが出てくるらしい。

すいみん【睡眠】

寝ること。コーヒーを飲むと眠れなくなるとよくいわれているが、特にタイ人はとても信じているようだ。

スクリーン【screen】

豆の大きさを測るふるいのこと。または大きさの単位。

スクリーンサイズ【screen size】

スクリーン1＝1/64インチ＝約0.4mm。

すくりーんせんべつ【スクリーン選別】

コーヒー豆の粒のサイズを揃えるために行う作業のこと。粒が揃うことによってより高いコーヒーの格付けとなる。

スターバックス【starbucks coffee】

1971年にシアトルのパイク・プレイス・マーケットで開業した世界規模で展開するコーヒーチェーン店。シアトルカフェブームの火付け役でもある。創業時はコーヒー豆の量り売りの専門店だったが、1982年にハワード・シュルツ氏が経営参戦後、シアトルのカフェやレストランを中心にエスプレッソを提供しはじめる。「サードプレイス」の概念をコンセプトに取り入れたことやバラエティ豊かなカフェメニュー、季節限定メニューなどを通して多くのファンを獲得している。労働環境の整備やCSRに対してもポジティブな取り組みが多く、日本で活躍しているコーヒーパーソンにスターバックス出身者も多い。日本は海外店舗1号店でもあり、店舗数は1000を越える。

目黒店

松屋通り店

スタンド【stand】

近年増えてきた、立ち飲みやテイクアウトをメインとした、個人オーナーによるミニマムなスタイルの店舗のこと。メニューを絞り特化させることで、少人数・省スペースで高品質のコーヒーを提供する店が多い。

スタンプタウンコーヒーロースターズ【stumptown coffeeroasters】

アメリカオレゴン州ポートランドにあるロースター。サードウェーブの火付け役ともいわれている（163P）。

スティックコーヒー【stick coffee】

「スターバックス ヴィア® コーヒーエッセンス」が有名。1杯分ずつ個別に包装してあるため、野外などで手軽に楽しむことができる。

ストリッピング【stripping】

収穫方法の1つで枝全体のコーヒーチェリーをしごいて一挙に摘み取る方法のこと。熟していない実も一緒に剥ぎ取るため、落とした後に選別作業が必要になる。

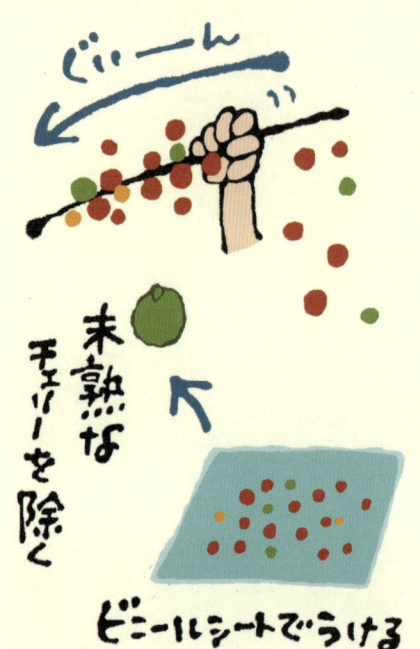

すなばいせん【砂焙煎】

鳥取砂丘の砂を利用して焙煎されたコーヒーのこと。砂を240℃に熱し、独自の方法で焙煎されたもので、芳醇かつまろやかな仕上がりとか。

ステンシル【stencil】

絵柄が切り抜かれた厚紙などを使ってプリントする方法。カプチーノなどにステンレスシートをのせてココアを振りかけてオリジナルラテアートを作ることもできる。

ストリクトリーソフト【strictly soft】

ブラジルのコーヒーのグレードを決めるカッピングテストにおける用語で「充分になめらかで甘味がある」という表現。

ストリクトリー・ハイ・グロウン【strictly high grown】

標高による格付けの等級の1つで、ホンジュラスやエルサルバドルなどで使われている。コーヒーは生産地の標高が高いほど高品質とされており、ストリクトリー・ハイ・グロウンは1700m以上で最も高い等級である。

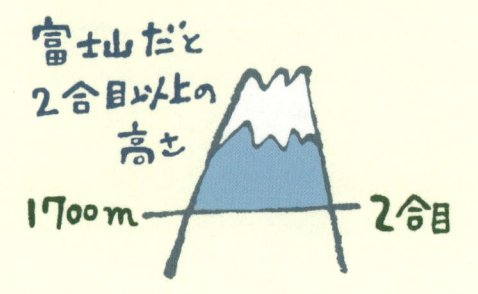

ストレートコーヒー【straight coffee】

「ブラジル」「コロンビア」「ブルーマウンテン」など国の名前やエリアの名前で呼ばれるコーヒー。誰が、いつ、どこで作ったコーヒーかまではわからないことがほとんどで、国や地域だけで生産処理場でまとめられてしまったもの。そのため農園や区画ごとの特徴はほとんど消え、大雑把な味であることが多い。単一生産地のスペシャルティコーヒーを「シングルオリジン」と呼ぶことが広まるまでは、この言葉が混ぜられた「ブレンド」に対する対義語であった。

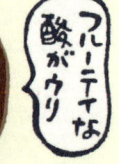

スパイス 【spice】

香辛料のこと。歴史は古く、紀元前 3000 年頃からインドでは使われていた。臭み消しや香り付けに使われ、その種類は豊富。シナモン・カルダモンなどはコーヒーとも相性がよい。

Cinamon

natmeg & pepper

ginger

vanilla

スパイスモカ 【spice mocha】

エスプレッソ、ミルク、チョコレートにカルダモンなどスパイスを加えた暖かい飲み物。クリスマスにぴったり。

スピリッツ 【spirits】

アルコール度の高い蒸留酒のこと。ウォッカ、ジン、テキーラ、ラムが有名。コーヒーにスピリッツを加えて作るオリジナルコーヒーカクテルの大会もある。

コーヒーを焼酎に浸けてもイケるそうです。

スプーン 【spoon】

ものを食べるときに使う道具。匙。カッピングの際、コーヒーを霧状に吸い込むのにも使用され、クラシフィカドールには専用のスプーンが贈呈される。

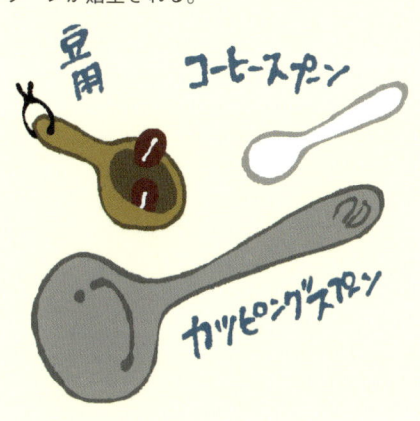
豆用　コーヒースプーン　カッピングスプーン

スプレードライ 【spray dry】

インスタントコーヒーなど粉状の食品を製造するときに用いる乾燥法の 1 つ。液状のコーヒー濃縮液を高圧ノズルを通して落下させ、熱風によって瞬時に乾燥させる（48P）。

スプレムータダランチャ 【Spremuta d' Arancia】

イタリアのバールに置いてある生搾りオレンジジュース。イタリアではあまり氷を入れずに飲むのが主流だそう。砂糖が付いてくることも多い。

生しぼり

スプレモ 【supremo】

スペイン語で「最高」を意味する言葉で、コロンビアコーヒーの最高ランク。

スペシャルティコーヒー【specialty coffee】

消費者（コーヒーを飲む人）の手に持つカップの中のコーヒーの液体の風味が素晴らしい美味しさであり、消費者が美味しいと評価して満足するコーヒーであること。風味の素晴らしいコーヒーの美味しさとは、際立つ印象的な風味特性があり、爽やかな明るい酸味特性があり、持続するコーヒー感が甘さの感覚で消えていくこと。カップの中の風味が素晴らしい美味しさであるためには、コーヒーの豆（種子）からカップまでのすべての段階に於いて一貫した体制・工程で品質管理が徹底していることが必須である（日本スペシャルティコーヒー協会）。コーヒーが種子からカップになるまでの全ての過程において手抜きなく仕上げられた高品質なコーヒーのことをいう。

日本でも産地と直接取引を行ってスペシャルティコーヒーを調達するグループがあらわれており、「ジャパンロースターズネットワーク（JRN）」、「シーコープ（C-COOP）」の2グループがその代表。ダイレクトトレード・スペシャルティコーヒーは、品質に対してフェアな価格での取引（フェアトレード）、環境との関わりを考えながら継続的に生産者との取引を行い品質向上に取り組み（サスティナビリティ）、生産者との語り合いが欠かせない、苦労の多い事業だがそれだけに感動の1杯に巡り会えるおもしろいカルチャーといえる。

すまとらしき【スマトラ式】

精製方法の１つで、パルプドナチュラル精製（142P）のパーチメントの状態の生豆を、水分量を 50％ほどの状態で脱穀、乾燥後も水分量を 10％ほど残した状態で生豆を輸出する方法。マンデリンの独特な香りは豆の個性だけでなく独自の精製方法も関係しているといわれている。

すみやきこーひー【炭焼きコーヒー】

炭火で焙煎されたコーヒーのこと。もしくは炭火焼風に深くローストされたコーヒーを指す場合も。

スモールビジネス【small business】

企業の１つの形態で、少数精鋭で質の高いサービスを提供する経営方法のこと。個人経営の小さなカフェやコーヒースタンドなどもスモールビジネスの１つ。

せいすい【聖水】

儀式などに使われる神の恵みの水。時折病気などを治す効果も。イエメンの商人が販売目的でコーヒーを「黒いザムザムの聖水」と呼んだことから、宗教的に飲まれ人々に広まった。

セカンドウェーブ【second wave】

1960 〜 90 年頃に起こった、経済効果を重視したファーストウェーブに反発し、より高品質なコーヒーを提供する動き。スターバックスやタリーズ、ピーツなどがセカンドウェーブの代表。

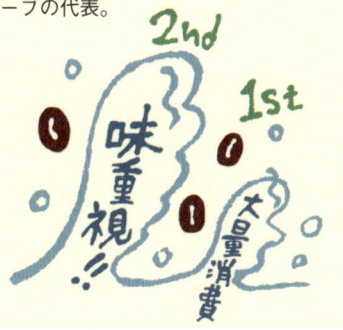

せのびしてぶらっく【背伸びしてブラック】

中学生くらいのまだコーヒーを飲み慣れていない子が大人ぶって注文する行為。本人がどんなに普通を装っても周囲には丸わかりだったりする。

セミフォレストコーヒー【semi forest coffee】

全くの自然林ではなく、適度な日照をコーヒーの木に与えるために、樹木を間引きしたり雑草を取り除いたりする栽培方法。

せんしょく【染色】

布などに草木や着色料で色をつけること。コーヒーでも染めることができ、好みの濃さに煮出したコーヒー（インスタント可）に紙やハンカチなどを浸すと薄いカフェオレ色でアンティークな雰囲気に。

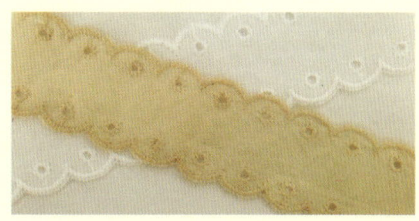

セントラルスタンダード【central standard】

エルサルバドルなどで行われている、標高による格付けの等級の１つで、600 〜 900m で栽培される豆のことをいう。

全米コーヒー協会
ぜんべい　きょうかい

世界最大のコーヒー消費国であるアメリカで設立され、内外の価格の動向やフェアトレードなどコーヒーに関する情報を提供している。

ソーサー【saucer】

カップの受け皿。もともとコーヒーはカップで飲まず、カップからソーサーにコーヒーを入れて冷まして、ソーサーからズズ…と飲んでいたよう。

ソスペーゾ【Sospeso】

1杯のコーヒーを飲むときに裕福な人は2杯分の代金を支払い、貧しくてコーヒーを飲めない人のために使ってもらうというナポリのバールの制度。

ソブレ【sobre】

イタリアで袋入りのインスタントを指す言葉。

ソリュブルコーヒー
【soluble coffee】

コーヒー豆の抽出液を乾燥させて粉末に加工したもので、インスタントコーヒーとほぼ近い。

『コーヒーと人が好き』

パドラーズコーヒー
松島大介・加藤健宏

渋谷、明治通り沿いのメンズファッション店舗の階段を登ると、笑い声が聞こえてくる。奥まったスペースにもかかわらず絶えず人が訪れ、普通だったら入りづらいであろう男性向けの店の奥でありながら、女性客も多く目にする。彼らが1杯ずつ丁寧にハンドドリップしたコーヒーを飲みながら、気づけばあたりまえのようにお客さん同士の会話が始まっているから不思議だ。また、松島さんはポートランド、加藤さんはバンクーバーとともに海外経験もあり、英語での会話もお手のもの、自然と客層もグローバルに。2人ともおしゃれで今風、自然体で気配り上手という共通点はありながらも、社交面に強い松島さん、職人肌の加藤さんとタイプは違う。だからだろうか、自然とお互いの長所を生かし、足りない部分を補う。息もぴたりだ。「人に親切にしたいとか、核になる部分は共通しているから、それだけで充分。」そんな2人の出会いは震災時、松島さんが東北にボランティアに訪れた際、拠点としていたハウスで加藤さんの幼なじみと出会い、その後加藤さんも含め仲間ぐるみでキャンプなどに行き、自然と親しくなっていったそう。コーヒーと旅が好きな松島さん

松島大介（まつしまだいすけ）
東京都出身
好きな食べ物…シャーベット
苦手な食べ物…オニオンリング
趣味…食べ歩き、音楽、旅

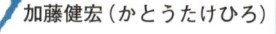

加藤健宏（かとうたけひろ）
埼玉県出身
好きな食べ物…あんこ
苦手な食べ物…果物
趣味…メンテナンス、掃除

は、コーヒーの勉強をしようとグアテマラを訪れたり、第2のホームであるポートランドのカフェで働くなどしていたところ、スケボー仲間からサードウェーブ御三家の1つ、スタンプタウンコーヒーのアカウントが取れたと連絡。半年ほど個人で行商をするも手が足りなくなり、同時期に独立を考えていた加藤さんと2人でパドラーズコーヒーを立ち上げることに。最初の1年は参宮橋のLIFE sonの一角で経営。大きなガラス扉越しにあるテラスを眺めながら、テラスの良さを実感。2年目はもともとウイスキー・バーを運営予定だったという神宮前トッドスナイダータウンハウスの2階。カウンター越しに客と語らい、カウンターのよさも実感。従来の「まずは店」というスタイルではなく、地道に足場固めから始めていった。「幅広い層に気持ち良くなってもらいたい。クオリティは高く、でも

敷居は低く。」そんな彼らが2年間構想してきた念願の路面店が4月にオープン。「僕らがやりたいことがぎっしり詰まった店。テラスあり、カウンターあり、今までできなかったエスプレッソと、朝早い時間からオープンする予定なので、朝の待ち合わせやミーティングにも使ってもらいたい。そのうち朝ごはんもやりたいんですよね！」ワクワクするような冒険心とそれを共有する仲間、ふとすると窮屈になりがちな都会の救世主のような存在だ。今後もイベントやケイタリングなどにも参加予定というお二人。アウトドアとコーヒーを絡めたり、個々の活動の充実も風通しのよさに繋がっているのだろう。「楽しい会話、心地よい空間、そこにコーヒーは必要。」コーヒーを提供する形に答えはない。一緒に盛り上がってみたい、フレッシュな気持ちにさせてくれる、そんなコンビだ。

PADDLERS COFFEE 本店（西原店）
渋谷区西原 2-26-5
最寄り駅／幡ヶ谷駅より徒歩4分、代々木上原駅より徒歩8分
7:30am ～ 6pm（不定休）
取り扱い商品／StumptownCoffeeRoasters の
コーヒー、オリジナルコーヒーグッズ等、雑貨
公式サイト／ www.paddlerscoffee.com
Facebook ／ http://goo.gl/d8FMH

ターキッシュコーヒー【turkish coffee】

別名トルココーヒー（127P）。イブリックにコーヒーの粉と砂糖と水を入れて煮出し上澄みを飲む方法。コーヒーの淹れ方の元祖とも言える方法で、回教徒の儀式の意味も含まれていたとか。飲み終えた後にカップに残った粉で占いをすることも。

ダークロースト【dark roast】

コーヒーの焙煎状態のことで、いわゆる深煎り。ほとんど焦がした状態に近い。スターバックスやillyなど大手コーヒー会社でよく使用されている。

タータリック【tartaric】

葡萄のこと。アシディティの表現の1つでレッドワインやホワイトワインを感じる表現。

だいえっとこうか【ダイエット効果】

時折テレビや雑誌で話題になるコーヒーのダイエット効果。コーヒーに含まれるカフェインを摂取することで脂肪細胞を分解し、血液中に放出。むくみなどの解消に役立つ効果も。また、クロロゲン酸にも脂肪分解効果があり、ダブルで効果に期待ができる。また、何となくお通じがよくなる気がするという意見もちらほら。

食後や運動前が効果的だろう
くびれた？

ダイナー【diner】

アメリカの食文化。レストランともカフェともファストフードとも違う、卵料理やパンケーキ、ハンバーガーやパイなどと飲み放題のコーヒーを提供する庶民的な店。

赤いソファと格子柄のフロアー

タイプサンプルテスト
【type sample test】

世界中の国の地域・農協・農園から空輸されてきた生豆サンプルを、コーヒー鑑定士が味覚テストし作柄や品質をチェックして、基準に合った生豆を厳選すること。

大坊珈琲店
<small>だいぼうこーひーてん</small>

表参道に面した喫茶店で2013年に惜しまれつつも閉店。ネルドリップで丁寧に作られるコーヒーは濃いめながら甘味を十分に感じるまろやかな味わい。言葉ではなくコーヒーで語り合うスタイルには、多くの人が癒されたのではないだろうか。日本のコーヒー文化の1つを築き上げた大坊勝次のエッセイと関戸勇による写真、大坊氏に縁のある35人の寄稿文で構成した私家版を復刊した『大坊珈琲店』、誠文堂新光社より発売中。

コロコロ チチチ 茫茫
心地よい！コーヒーとの会話…

タイマー【timer】

時間を設定し、経過とともにブザーなどで知らせてくれる機械のこと。豆の蒸らし時間や、フレンチプレスでコーヒーを淹れる際などに、時間を計ることによって、いつでもほぼ均一な味を作ることができる。

だいようこーひー【代用コーヒー】

コーヒー豆以外の原料を使いコーヒーに似せて作られた飲み物のこと。原料としては、タンポポの根・ゴボウ・ジャガイモ・カボチャの種・大豆などがある。コーヒーが手に入りにくい時代にコーヒーの代わりに飲まれていた。

ダイレクトトレード【direct trade】

コーヒーの販売会社が中間業者を通さずに生産者と直接取引を行うこと。間を挟まないため取引の透明性が上がり、実際に産地まで足を運ぶ必要があるため、品質の向上にもつながると注目されている。フェアトレードのように組合を作っていないため、生産者の利益はフェアトレードより多くなるが、少ないロットでの買付が難しく、中小の販売会社だとなかなか踏み出せない面も。

たいわん【台湾】

東アジアの島国。コーヒーは中国語で咖啡。お茶の文化が有名だが、日本以上にコーヒーの店があり個性的なカフェも多い。中西部にある阿里山山脈では有機栽培のコーヒー豆も生産しており、アジアで唯一世界の10大コーヒーに選ばれたことも。

台湾にて。コーヒー焙煎の店。

ホットコーヒーにもストロー
photo: Tomoko Kadowaki

タサ【taza】

イタリアでコーヒーカップを意味する。

たちのみ【立ち飲み】

立ったまま飲むこと。主にお酒を飲むことを意味するが、最近ではスタンド（107P）形式のコーヒー店も増えてきている。

ダッチコーヒー【dutch coffee】

水出しコーヒーを意味する。文字どおり常温の水で抽出する方法で、カフェイン・タンニンが水に溶けにくい性質があることから、お湯で抽出するよりカフェイン・タンニンが少ない胃にやさしいコーヒーになる。主な抽出方法は2種類あり、水にコーヒーの粉を漬け込み抽出後に粉をろ過して除くものと、コーヒーの粉に水を点滴し続けるもので、前者は冷浸式という方法で簡単に作れるが、雑味が出やすいのが難点。後者はウォータードリップもしくはダッチ式と呼ばれ、ダッチコーヒーといえばこちら。原理としてはサイフォンとドリップの違いにあたるがどちらも上手に作れば美味しくできるそう。最近は手軽で美味しい水だしコーヒーパックもいろいろ販売されている。

水出し
コーヒーポット

V60

氷で
急冷
する方法も

コック

1滴ずつ粉と混じり合いマス

水　コーヒー

1 水とコーヒー粉をビンに入れ

水出しコーヒーを作るための便利な道具はありますが、家庭にある普通のビンやボウルなどでも美味しく作ることができる。

2 全ての粉が水とふれるようよく混ぜます

3 1晩冷蔵庫で寝かせ、濾して完成

©雁屋哲・花咲アキラ／小学館
美味しんぼ 102 集には
山岡士郎と海原雄山の
和解のきっかけとなる
水出しコーヒーも描かれている。

タトゥー【tattoo】

入れ墨のこと。海外ではタトゥーを入れたバリスタがオシャレにコーヒーを淹れているシーンをよく目にする。若者などはファッション感覚で入れることが多いようだが、なかなか消せないため高度なセンスが必要に思える。

たなぼしほうしき【棚干し方式】

別名ウィンドドライ、アフリカンベッド（40P）。ブラジルなどで導入され、風が下からも入るため、均一に乾燥する。

たばこ【煙草】

ナス科の多年草で、中国・ブラジルなどで多く栽培されている。日本では紙巻きタバコが主流だが、葉巻やパイプ、噛みタバコ、水タバコなど楽しみ方は様々。タバコを吸いながらコーヒーを飲むのは良く見かける風景だが、胃へのダメージが大きく、健康面からあまり好ましくないとされている。

よく見る　組み合わせ

だぶるばいせん【ダブル焙煎】

焙煎の途中で一度釜から豆を出し、冷却してからもう一度焙煎すること。豆の水分を少し抜くことにより焙煎しやすくなるが、香味も落ちる傾向にある。

タリーズ【TULLY'S】

1992年にシアトルで生まれ、1997年に日本1号店が銀座にオープンしたカフェチェーン。病院やオフィスビルなどに入っていることも多い。同じシアトル系のスターバックスと比較すると喫煙席があり、またエスプレッソマシンをフルオート化せずに豆を挽いて詰め、抽出することにこだわっている。

甘すぎず、オイシイ

アフォガード

アーモンドプラリネソイラテ

ダンキンドーナツ【Dunkin' Donuts】

マサチューセッツ州で創業されたドーナツチェーン店。ミスタードーナツとは創業者同士が親族かつライバル。日本では1970年から1998年まで経営していたが残念ながら撤退。店名は「ドーナツをコーヒーやミルクに浸して（Dunkin'）食べる」から来ている。ロゴ入りファイヤーキングのマグカップもかわいい。

DUNK IN!

タンザニア連邦共和国
【United Republic of Tanzania】

中央アフリカに位置し、小規模農家中心で全体の90％を占めている。ほとんどは輸出用で日本ではキリマンジャロが有名。主な生産地は国土の周縁部に分散しており、それぞれに品種や環境が異なる。北東部はアラビカ種が多く、西部はカネフォラ種を中心に生産している。精製方法は主にウォッシュトで一部ナチュラルも。

探偵物語
たんていものがたり

1979年から1980年に放送されたテレビドラマ。松田優作演じる工藤俊作はユーモアと自由を愛し、黒いスーツと派手なシャツを着こなした私立探偵。コーヒーにもこだわりがあり、ブレンドはブルーマウンテン・キリマンジャロ・モカで砂糖とミルクは入れない主義。他にも「午前中と日曜は仕事をしない」「職業蔑視はしない」「相手にかかわらず約束は守る」「家庭のトラブルは扱わない」など多くの主義を持つ。

タンピング【Tamping】

エスプレッソを淹れる行程の1つで、フィルターケースにコーヒーパウダーを押し固めて詰める作業のこと。微妙な力加減でエスプレッソの風味を左右するバリスタのテクニックの真骨頂。タンピングが不十分だとお湯がコーヒーパウダーの中に均等に通らず旨味のあるエスプレッソにならない。最近はマシンに自動でタンピングを行う抽出ユニットが内蔵されているものも。

タンブラー【tumbler】

水筒とコップの間のようなもので、基本的に保温・保冷効果はない。紙カップの代わりにマイタンブラーにドリンクを入れてもらうといくらか値引きしてくれるシステムも。季節や地域限定のタンブラーもあり、コレクター心をくすぐるアイテム。

たんぽぽこーひー【タンポポコーヒー】

タンポポの根を乾燥させ焙煎したコーヒー風の飲み物。カフェインを含んでおらず、ホルモンバランスを整える作用もあるため妊婦さんや授乳中の方にもやさしい。利尿作用や冷え性の改善、発毛にも効果があるとされている。

チーズケーキ【cheese cake】

チーズを使ったケーキの総称で、オーブンで焼いたベイクドチーズケーキ、冷やし固めたレアチーズケーキ、スフレなど種類も様々。コーヒーとの相性もよく、特に濃厚で特徴的なチーズケーキと合わせて飲みたい。コーヒーをチーズフィリングと合わせ、マーブル模様を描いたコーヒーマーブルチーズケーキなどもある。

チェ・ゲバラ【Che Guevara】

1928年アルゼンチン生まれの政治家、革命家でキューバのゲリラ指導者。死ぬ1週間前の日記に「コーヒーを淹れた。油が浮いた鍋と水でつくったにもかかわらず、このうえない美味しさだった」と記したほどの、コーヒー好き。

チェリー【Cherry】

コーヒーの実のこと。その実がさくらんぼに似ているため呼ばれる。

ちこりのね【チコリの根】

キク科のハーブの一種で独特の苦味が美味しく、葉はサラダによく使用される。根を乾燥させローストするとコーヒーのような味わいになることから、代用コーヒーとして飲まれることも。ノンカフェインでデトックス効果が高く、ダイエットなどに最適だが、たんぽぽコーヒーと違いデトックス効果が高すぎるため、妊娠中には避けた方がよいとされる。

ちゃ【茶】

チャノキを発酵させ加工したもの、飲み物。日本でも静岡などで栽培されている。緑茶・紅茶・ウーロン茶・抹茶など種類も豊富。発酵の仕方により酵素が変化、進むにつれ濃い色の茶葉になる。また「お茶しよう」はカフェでおしゃべりするという意味も含まれている。

チャット
(雑談)
⬇
チャ(茶)

話も
はずむ

チャット【Khat】

麻薬性植物で新芽を噛むことで覚醒作用をもたらす。コーヒーの生産地で、作るのに手間のかかり収入の少ないコーヒーに代わり、新たな収入源として栽培されはじめている作物。

No

チャフ【chaff】

焙煎時に出てくる乾燥した銀皮やほこりなどのこと。ふるいにかけるが少量なので味に大きく影響はない。酸性のため、ブルーベリーなどの肥料にすることもできる。

ちゅうしゅつ【抽出】
ものの中から特定のものを取り出すこと、その方法。水分とコーヒー豆を混ぜ合わせ、豆からコーヒー成分を水分に抜き出すこと。ドリップ・サイフォン・エスプレッソなど多数の方法がある。

ちゅうしゅつゆにっと【抽出ユニット】
グラインダーで挽いた豆を残さず詰めてエスプレッソ（56P）を抽出する部分。

ちゅうどく【中毒】
毒によって体の機能に障害が起こること、また依存してしまう状態のこと。コーヒーの成分の1つであるカフェインは中毒や依存などを引き起こすこともあるが、極端な取り過ぎでない限りは健康にはよいとされている。

18世紀にコーヒー中毒がちょっと問題になった とか

もっともっと…

チョコレート【chocolate】
カカオマスに砂糖や油脂、ミルクなどを加えて固めた食べ物。コーヒーと一緒に食べるのはもちろん、コーヒーにチョコレートを溶かし入れた飲み物も。チョコレートの原料のカカオとコーヒーの産地が重なることもあり、相性は折り紙付き。ストレートにモカと合わせてよし、スパイシーなフレーバーと合わせてよし。最近ではコーヒー同様自家焙煎したカカオを使ったチョコレートショップも出てきた。

チョコラテ【chocolate】
チョコレートの発祥の地でもあるメキシコのチョコレートドリンク。カカオ本来の味が生きた素朴なものでシナモンが入っているものも多い。熱々のチョコラテに菓子パンやチュロスなどを浸しながら食べるのが定番。

チルドカップコーヒー
【chilled cup coffee】

プラスチックカップに
入ったコーヒー飲料
で、封入した蓋の上に
もう一つプラスチック
の蓋をかぶせた容器が
多く用いられる。内容
量は200〜300ml程度
で添付されたストロー
で飲むことができる。

ツイン・ピークス【twin peaks】

デヴィッド・リンチ監督の人気テレビドラマ
シリーズで、ツインピークスという架空の町
を舞台にしたサスペンス。主人公のクーパー
警部がダブルRダイナーの「すげえ美味い」
ブラックコーヒーとチェリーパイやドーナツ
の組み合わせを気に入って物語の要所要所に
登場する。また、ツインピークスの面々は
93年にジョージアのCMにも出演した。

ティアマリア【Tia Maria】

コーヒーリキュールの一種で、主にジャマイ
カで作られている。サトウキビを原料とした
スピリッツを使い、カルーアより風味や苦味
が強いのが特徴。

でぃーどりっひばいせんき
【ディードリッヒ焙煎機】

コーヒー生産者が設計した焙煎機でコーヒー
豆がもともと持っている個性を充分に引き出
してほしい、という思いで設計された。豆に
熱を加える際の熱の対流・伝導・放射をバラ
ンスよくコントロール。原料の個性や持ち味
を生かすために急激に熱を加えることで、甘
さを感じられる仕上がりになるのが特徴。

テイクアウトカップ【takeout cup】

使い捨てのカップ、紙コップのこと。スター
バックスの登場により、町中でテイクアウト
カップを持ち歩く人が急増。いつでもどこで
も美味しいコーヒーを飲むことができる。

テイスティング【tasting】

飲み物の色や香り、口に含んだときの広がり
などを確かめる行為のこと。

てぃぴかしゅ【ティピカ種】

コーヒーの2大原種の1つで、1720年頃、
フランスの将校が中米のマルティニーク島に
持ち出し栽培。その後中米諸国に広まって
いった。爽やかな酸味とクリーンな味わいだ
が、寒さや病気に弱い。

ディフェクト【defect】

収穫から輸送などのプロセスで何らかの問題
により発生した負のフレーバーのこと。豆の
汚れと欠点の大きくふたつに分類され、欠点
は味に大きな悪影響をおよぼすことも。

ティム・ウェンデルボー
【Tim Wendelboe】

ノルウェーのスペシャルティコーヒーロース
ター。2004年の世界一のバリスタ。

ディモンシュ【dimanche】

鎌倉にあるカフェブームの火付け役でもある店。正式名称は「カフェ・ヴィヴモン・ディモンシュ」。タイミングがよければ店主の堀内さん自ら丁寧にハンドドリップしたコーヒーを飲むことも。コーヒー豆型のアイスキューブを使ったアイスコーヒーや、とろける卵のオムライス…どのメニューもまた頼みたくなるものばかりで悩ましい。ジャムの名店・ロミユニと共同開発した『パフェ・ディモンシュ』も絶品。

café vivement dimanche
神奈川県鎌倉市小町 2-1-5 ☎ 0467-23-9952

ティラミス【tiramisù】

イタリア発祥のドルチェ（スイーツ）の1つで、エスプレッソを染み込ませたビスケットとマスカルポーネチーズを層にしてココアパウダーをかけたもの。イタリア語で「私を元気づけて！」という意味をもち、夜遊び前に食べる風習も。日本ではバブル期に大流行、その後安定しデザートの1つとして定着した。

ティント【tinto】

コロンビアの伝統的な飲み方でお湯の中に黒砂糖とコーヒー粉を入れて煮立たせ、上澄みを飲む方法。

デカフェ【decaf】

カフェインを含んでいる飲食物からカフェインを取り除くなどして、カフェインを含まなくなった状態のこと。別名ディカフェ、カフェインレス、カフェインフリーなど。欧米では健康上の理由から広まっており市場の約10%がカフェインレスコーヒーとなっている。しかし製造過程でカフェイン以外の成分の損失が避けられず、通常のコーヒーに比べ味は劣るとされている。

主な脱カフェイン方法

溶剤抽出法

コーヒー豆をカフェインが溶ける薬品に漬けてなくす方法。カフェイン以外の成分も失ってしまうのが欠点。日本では食品衛生法の規格基準に適していないため、輸入禁止とされている。

水抽出法（スイスウォーター式）

カフェイン以外の水溶性成分を溶かせるだけ溶かした水にコーヒー豆を漬け込むことで、カフェインのみを取り除く方法。抽出液はリサイクルされ、安全かつ経済的な方法。

超臨界抽出法

二酸化炭素に強い圧力をかけ「超臨界流体」という液体と気体を兼ね備えた状態にし、カフェインを除去する方法。常温に戻すと二酸化炭素は毒性もなく、優れた脱カフェイン法とされている。

風味の損失が問題とされている脱カフェイン。
近年、カフェインレス・コーヒーノキの育成にも注目されている。

デザインカプチーノ
【design cappuccino】

カプチーノのミルクの表面にピックなどを使って模様を描いたもの。ピックを使わずに注ぎだけで模様を描くラテアートとは区別される。

デスウィッシュ【death wish】

カフェイン200%の、世界で最も強烈なプレミアム・ダーク・ロースト・オーガニックコーヒー。NYでプレミアムコーヒーを販売するデス・ウィッシュ・コーヒー・カンパニーで作られており、味や香りはダークローストが強いのにカフェインはライトが一番強いという矛盾から、ダークでリッチでカフェインも強い適切な豆探しからはじめたどりついた。オーガニックでフェアトレードなエココーヒー。

テストロースト【test roast】

生豆のサンプルを小型のロースターで段階ごとに試し煎りすること。

てつがくかふぇ【哲学カフェ】

哲学的な議論をするための草の根の公開討論会。マルク・ソーテがパリで創立した。論じる議題はサンタクロースから性、死まで幅広い。筑波大学をはじめ国内にもいくつか存在する。

デミタス【demitasse】

フランス語でdemi（ドゥミ）＝半分を意味し、半分量の小さなカップのことをいう。エスプレッソカップと近いが、エスプレッソ以外のコーヒーを入れることもあり、似て非なるもの。

テロワール【terroir】

コーヒーやワインの地形や土壌・天候などその土地ごとにあらわれる作物の性格・性質などを表す言葉。

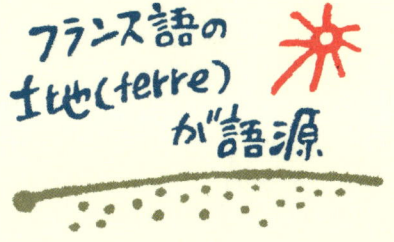

デロンギ【De'Longhi】

イタリアの家電メーカー。様々な種類のコーヒーマシンを世界に提供。エスプレッソ抽出マシンの販売金額は世界一（※GFK調査より）。

てんてきどりっぷ【点滴ドリップ】

藤岡弘、(149P)氏独自のコーヒーの淹れ方。湯を点滴のように少しずつ、「ありがとう、美味しくなれ」と想いを込めながら淹れるスタイル。

テンプラダ【Templada】

イタリア語でぬるいを意味する言葉。

デンマーク王国【Kingdom of Denmark】

北ヨーロッパに位置する北欧諸国の1つ。あまり知られていないが国民1人あたりのコーヒー消費量は世界で第3位。味にこだわるというより手軽に何杯も飲むのが好みのようで、インスタントが20%を占めているそう。デンマーク人はコーヒーを飲みながら人と話すのが何よりも好きで、「ヒュッゲ」と呼ばれる憩いのひとときとコーヒーは切っても切り離せないとのこと。中学生向けのコーヒー教材を作るなど、コーヒー教育にも熱心。コーヒーから地理や文化、農業、経済など幅広い知識を教えられる内容だそう。

ドイツ連邦共和国【Federal Republic of Germany】

ヨーロッパ中西部に位置し、ソーセージやビール、高級車、サッカーなどが有名。コーヒーの消費量は世界3位で仕事場でも家庭でもよく飲んでいるそう。飲み方はドリップが好みで、コーヒーメーカー「メリタ」はドイツ人が発明した。バウムクーヘンをはじめドイツ風のケーキやパンにもコーヒーはよく合いそう。

どう【銅】

金属の一種で銅製品は熱伝導性が高いので、銅製のポットはハンドドリップに向き、銅製のマグカップはアイスコーヒーをより冷たく楽しむことができる。

とうきゅう【等級】

コーヒー豆の格付け。「No.1〜8」、「AA」、「スプレモ」などを国や産地の後に記すことで豆のグレードを表している。他にはスクリーンサイズや欠点数で等級分類する生産国がある。

とうにゅう【豆乳】

大豆に水を加えすり潰したものを濾してできた牛乳のような液体。健康や美肌にもよいと女性を中心に人気。ラテの牛乳の代わりに豆乳を使用したソイラテは豆乳独特の青臭さが気になる方でも美味しく飲める。

ドーシング【dosing】

グラインダーで挽いた粉をポルタフィルタに入れる作業のこと。シングル1杯7g、ダブル14gが目安。液体の味、品質を調整する大切な作業。

★エスプレッソ用のグラインダーできれいな円錐状に。

トースト【toast】

食パンをトースターなどで焼いた食べ物で、バターやジャム、チーズなどを塗って食べる。コーヒーとトーストはパン派の朝ご飯の定番。

ドーナツ【donut】

小麦粉に水や油、砂糖などを混ぜた生地を油で揚げた食べ物で、主にリング型をしている。オールドファッションを代表とするどっしりとしたケーキタイプや、ふっくらとしたパンタイプ、おからを使いもっちりとした健康的なものなど種類は様々。コーヒーとドーナツを朝食代わりにする人も。

クルーラー
マラサダ
オールドファッション

どく【毒】

生物の健康や命を害するもののこと。コーヒーに含まれるカフェインはアルカロイドの一種で大量に摂取すると毒にもなるが、適量であれば細胞修復効果もあり薬にも。

ドッピーレベルコック

ウォータードリップ式コーヒーメーカーで点滴を中心部に集中させず、全体に満遍なく水が行き届く様設計された商品。

数ヶ所から水が落ちます。

ドッピオ【doppio】

イタリア語で「2倍」を指す単語でエスプレッソにおける「ダブル」を意味する。エスプレッソを2ショット注ぐことと、コーヒー豆を倍使用することの、2通りの使い方がある。

ドトールコーヒー【Doutor Coffee】

1962年創業の日本のコーヒー焙煎卸会社。ドトールとはポルトガル語の「博士」。同社の運営するドトールコーヒーショップは、他のコーヒーチェーン店に比べて比較的幅広い客層で誰でも気軽に入れる敷居の低さがウリ。サンドウィッチメニューにも力を入れており、ミラノサンドシリーズは老若男女問わず人気。

DOUTO

モーニングがなんかよいんです。

ドライオンツリー【dry on tree】

コーヒーの実を樹の上で乾燥させる方法。最後まで樹の養分を溜め込むことができるため、樹自体の寿命は縮まってしまうが、非常に甘い豆に仕上がる。

ドライカプチーノ【dry cappuccino】

フォームドミルク多めのカプチーノのこと。ふわっとした口当たりが特徴。

ドライコンテナ【dry container】

コーヒーを船で輸送する際に麻袋に入った生豆をまとめて入れる箱（コンテナ）の種類。リーファコンテナ（188P）より安価だが、温度調節機能がついていないため、輸送中に温度差による劣化の可能性があるのが難点。

ドライブスルー【drive-through】

車から降りずに商品を購入できる場所のこと。一部スターバックスなどで導入されはじめた。

ドライミル【dry mill】

生産処理をし、乾燥したパーチメントを保存、脱穀、選別し袋詰め、コンテナ詰めする工場。

トラジャ【Toraja】

アラビカ種の一種でインドネシアスラウェシ島のトラジャ地方で栽培されている品種。地区によってカロシともいわれ、大粒でソフトな味わい。

トラベルカフェ【travel cafe】

旅行に関する情報を提供してくれるカフェのこと。

とらや

羊羹など和菓子を製造販売している日本の会社で、室町時代後期に創業した老舗。上質な和菓子とコーヒーも相性バツグンで、コロンビア産の香り高いコーヒーを使った期間限定の羊羹も販売された。

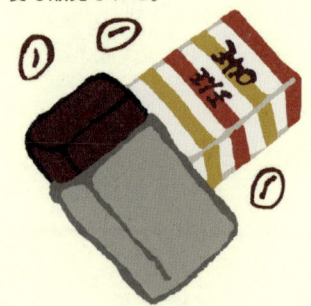

ドリッパー【dripper】

ドリップコーヒーを淹れるための器具で、ハリオやメリタなど有名。リブの形も多種多様。

ドリップ【drip】

液体がしたたり落ちること。コーヒーの淹れ方の1つ。フィルターにコーヒーを入れ上から熱湯を注いで濾す方法を指す。ドリッピングとも言う。この方法で淹れたコーヒーをドリップコーヒーといい、すばやくたくさん淹れることはできないが、器具にあまりお金がかからず、美味しいコーヒーを淹れられるこの方法は家庭でも人気が高い。

ドリップスタンド【drip stand】

コーヒーを淹れる際にドリッパーを固定するスタンドのことで、ドリップで複数杯コーヒーを同時に淹れたいときに使用する。

ドリップパック【drip pack】

通液性のある紙に1杯分のコーヒー豆が個別に包装され、カップに固定することで、ドリッパーがなくてもドリップコーヒーを淹れられる製品のこと。自分の好きなコーヒーを手詰めできるドリップパックも販売されており、旅先や野外でインスタントよりもう一歩本格的なコーヒーを手軽に楽しむことができる。

ドリップポット【drip pot】

コーヒーをドリップするための口先の細いポットのこと。湯量を調整しやすいものが使いやすい。

細くも太くも注げるタイプがオススメ

トルコ共和国【Republic of Turkey】

アジアとヨーロッパにまたがる共和国で、最大の都市イスタンブールは日本でも歌になり、エキゾチックなイメージが強い。トルコのコーヒーの歴史は長く、国の名を冠した「トルココーヒー」はコーヒーの飲み方の原点ともされている。トルコ人が普段好んで飲んでいるのはお茶が多いが、本当に大切な人にはトルココーヒーでもてなすそう。

Europe — here
Africa

Coffee
Sugar — Water
カルダモンなどスパイスを入れても
時々かき混ぜながら煮出す。
泡が出る→火を下ろすを3回程くり返す。

トルココーヒー【Turkish coffee】

別名ターキッシュコーヒー（114P）と呼ばれ、イブリック（46P）という小さな鍋に細かく挽いたコーヒー豆と砂糖と水を入れ、煮出したものの上澄みをスプーンでカップに取り分けて飲む方法。イタリアでもエスプレッソが導入されるまではこの方法でコーヒーを飲んでいた。カップに残った微粉で占いをする風習も。トルコの花嫁修業の1つともされていて、お見合いの後好きな人には砂糖入りを、残念な場合は塩入りのコーヒーを出すともいわれている。

ガーン
しょっぱい

トレサビリティ【traceability】

生豆の生産、流通の履歴を意味する言葉。コーヒーがどの国のどの地方、どの農園でどのように作られたか履歴でわかることにより、香味の追求や安心安全に寄与することができる。

トレファクト【torrefacto】

スペインの飲み方で、豆の焙煎時に砂糖を直接添加したもの。

どんぐりこーひー【どんぐりコーヒー】

その名のとおりどんぐりを材料にしたコーヒーで代用コーヒーの1つ。コーヒーの産地を植民地に持っていないプロシア（現ドイツ）が代用として飲み始めたのが始まりとされている。ドングリのタンニンを流水で抜き、天日に干し、乾燥したものを煎ってローストしコーヒーとして用いている。

ナイトキャップ【nightcap】

寝酒のこと。カルーア（75P）はコーヒーの成分が入っているので覚醒作用がなくもないが、アルコールも入っているためメキシカンコーヒー（179P）などカクテルで、ナイトキャップとして飲まれることも。

ながい【長居】

女性グループや、自宅で仕事や勉強などに集中できない人がコーヒー1杯でねばる行為。

なごや【名古屋】

愛知県の県庁所在地。東京や大阪に流されない独自の文化を持っており、コーヒーを頼むとトーストとゆで卵が付いてくるモーニングやトーストに小倉をトッピングする小倉トーストなど独自の喫茶店文化を持つ。味噌の文化があるためか、深煎りが好まれる傾向があるよう。

なしょなるしゅ【ナショナル種】

ブラジルに一番最初に移植されたコーヒー豆の品種で、病気や虫に弱く、生産性も低い。現地では在来種を意味するコムンとも呼ばれている。

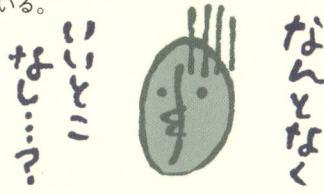

ナチュラル【natural】

精製方法の1つで、収穫後のチェリーをパティオ(140P)に広げて乾燥させ、果肉とパーチメントを一度に脱穀する方法。水源の少ない地域や広い平地がある産地ではこの方法で精製が行われている。別名アンウォッシュト、ドライプロセスとも呼ばれ、シンプルで低コストだが、チェリーを乾燥させる時間がかかるのが欠点。ナチュラルによるコーヒーの味わいはコクと複雑な香味、深い焙煎にも耐えられ濃厚な味わいになる。

ナッツ【nuts】

食用の種子の総称、木の実。アーモンドやマカダミア、ココナッツ、ゴマなど種類も様々で、コーヒーのフレーバーやトッピングにもよく用いられる。また、フレーバーの表現の1つに使われることも。

なぽりしきこーひー【ナポリ式コーヒー】

ナポレターナを使って淹れる、イタリア・ナポリ地方の伝統的な淹れ方。味はエスプレッソとドリップの間くらいの濃さに仕上がる。コーヒーの油分をしっかり味わえ、どことなく素朴な雰囲気のあるコーヒー。

ナポレオン・ボナパルト
【Napoléon Bonaparte】

フランスの軍人。1日の睡眠時間が3時間というのは有名な話。大のコーヒー好きで「強いコーヒーをたっぷり飲めば目が覚める。コーヒーは暖かさと不思議な力と、心地よき苦痛を与えてくれる。余は無感よりも苦痛を好みたい。」と残している。

ナポレターナ【Napoletana】

ナポリ式コーヒーを作るためのコーヒーメーカー。1961年に世界で最初に発明されたドリップポットをもとにナポリで作られた。エスプレッソが発明されたことにより使う人が少なくなってしまったが、シンプルな作りで壊れにくく、野外などに向いている。

なままめ【生豆】

焙煎する前の豆。グリーンと呼ばれることも。その色・つや・水分量などでも品質を評価される。

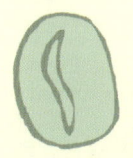

ニカラグア共和国
【Republic of Nicaragua】

中央アメリカに位置する国でカリブ海と太平洋に面している。小規模農園が多数の他の中米と違い大規模農園が多くを占めているが、近年は高い品質のスペシャルティコーヒー生産を目指す意識の高い国でもある。

にさんかたんそ【二酸化炭素】

無色無臭の気体で大気中に約0.03%含まれている。空気より重く、水に溶けやすいのが特徴。植物が光合成をするために必要な物質だが、濃度が濃くなりすぎるとめまいや頭痛、やがて呼吸停止の恐れもある。地球温暖化の原因ともいわれている。コーヒー豆は焙煎直後に二酸化炭素を多く含み、酸化防止に役立っている。焙煎直後のコーヒーがよく膨らむのはそのせい。時間とともに少しずつ抜けてゆく。

にほん【日本】

東アジアに位置する島国。コーヒーが入ってきたのは18世紀、長崎の出島にオランダから持ち込まれたのが始まりとされている。その後鎖国政策のためコーヒーの輸入が途絶えたが、1856年頃から再開、はじめは上流階級の一部のみが飲んでいたが、明治末期から少しずつ一般家庭にも広まっていった。その後実業家の水野龍がブラジルから5年間コーヒー豆の無償給付を受けることになり、1913年にカフェーパウリスタを設立。安価でコーヒーを飲めることもあり一気に普及した。第二次世界大戦中は輸入も減少したが、1960年にインスタントコーヒーが発売、1970年に大阪万博があり、コーヒーは日本で定着していった。日本の初期のコーヒーは抽出器具がなかったので細かく挽いた豆を手鍋で煮詰め、上澄みを飲む方法を使用。トルココーヒーとよく似ている。現在コーヒーの年間輸入量は上位5位内に入るほどだが、一人あたりの消費量は1日1杯以下と、まだマーケットの可能性は秘めている。

江戸時代、日本でコーヒーはカステラほど受け入れられなかったが、遠山の金さんこと遠山金四郎景元はコーヒーを好んで飲んでいたとか。

日本最初の喫茶店『可否茶館』はコーヒーを飲みながらトランプやビリヤード、囲碁などに興じたり、情報交換ができる社交の場として開店された。

日本コーヒー文化学会

世界のコーヒーやコーヒーの文化について詳しく知りたいと思う人たちが集まり、コーヒーを探求することを目的とした団体。1994年に設立され、講演会や研究会などの活動を行っており、コーヒーに興味のある人なら誰でも入会することができる。

にほんさんこーひーまめ
【日本産コーヒー豆】

日本は地理上コーヒー豆の栽培には向かないが、コーヒーベルトの端に位置する沖縄、小笠原では少量だが栽培している農家もある。温室を使えばどこでも生産は可能だが、味に個性は出づらい。

味はさておき自分で育てた豆をのんでみたい 気もする

日本スペシャルティコーヒー協会

2003年に設立された団体でスペシャルティコーヒーの認識、理解を高め、その啓蒙をはかり、スペシャルティコーヒーの消費拡大を目指している。「ジャパン・バリスタ・チャンピオンシップ」を中心とした競技会の開催や展示会・セミナーなどを開催している。略称SCAJ。

私たちの手に持つカップの中のコーヒーが素晴らしいものであるよう…

日本バリスタ協会

高品質なコーヒー、高いサービスを提供できるバリスタの養成、地位向上を目指し活動している団体。プロフェッショナルのバリスタ向けに資格認定を行っている。略称JBA。

ニュークロップ【new crop】

収穫されて1年未満の豆のこと。水分を多く含み、青々としているのが特徴。

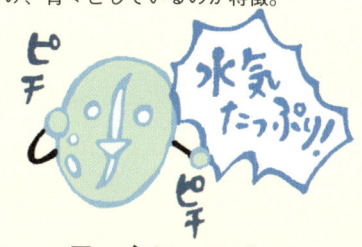

ピチ 水気たっぷり! ピチ

ニューヨーク【New York】

アメリカ合衆国北西部に位置し、アメリカ最大の都市でもある。サードウェーブなどの盛り上がりに関しては西海岸より出遅れた面もあるが、カフェも多く、品質もレベルアップしている。

good!

にゅーよーくとりひきじょ
【ニューヨーク取引所】

世界最大の取引所で、コーヒー（アラビカ種）、ココア、砂糖などの取引を行っている。ここで決められた値段が国際相場の基準となり、世界中で利用されている。

ぬるいこーひー【温いコーヒー】

コーヒーは熱いうちが美味しいといわれるが、猫舌の人などを中心にぬるいコーヒーファンも案外いる。

ネスカフェ【Nescafé】

ネスレ社が販売するコーヒーとコーヒー関連商品の商標のこと。インスタントコーヒーを世界的に普及させ、国によってはインスタントコーヒー＝ネスカフェと呼ぶところも。ネスレとカフェを組み合わせた造語で、主力商品のネスカフェ・エクセラや、金色のパッケージの上級ブランド・ゴールドブレンドなどがあり、ゴールドブレンドのCMでは多数の著名人を「違いのわかる男（女）」として起用している。

シンプルな「び」

フォームミルクを作れるマシンもありマス

1年品質を閉じこめられるカプセル

ネスプレッソ【Nespresso】

ネスレ・ネスプレッソ社が販売しているコーヒーマシンで、カプセルコーヒーと呼ばれる、挽いたコーヒーの粉が入った小さなアルミニウムを使い、複雑な行程なしに美味しいコーヒーやエスプレッソを淹れられる機械。全国にあるネスプレッソのブティックで試飲や販売をしており、化粧品売り場のような華やかな雰囲気が特徴。ジョージクルーニーが広告塔になっている。

ネスレ【Nestlé】

スイスを拠点とする世界最大の食品・飲料会社。コーヒー関係の商品以外にもミネラルウォーターやチョコレート、ペットフードなども取り扱っている。

ネルドリップ

ドリップ方法の1つで、1800年代フランスで発明された。布でできたネルフィルターを使用して抽出する。豆は中挽き〜粗挽きをたっぷり使って淹れるのがコツ。下ろしたてのネルは一度煮沸してから使用、使用後も水洗い後に乾燥させずに保管するなど、取り扱いや保管に手間がかかるため、少々ハードルは高く感じるが、滑らかな舌触りのコーヒーになるため、人気は高い。

淹れる作業もたのしみのひとつ…

ネルフィルター

ネルドリップでコーヒーを抽出するときに使用する布のこと。ペーパーフィルターより太い繊維が集まってできていて、ろ過されたコーヒー液が適度な速さで抽出される。使う回数が増えるほどネルにコーヒーの微粒子が付着し、お湯とコーヒー粉の接触時間が長くなるため、濃い抽出液になる。1枚のネルでだいたい30〜50回ほど使用できるといわれている。

はじめて使う時や淹れ終った時は煮沸します。

保管は水に浸けた状態で冷蔵庫に。（乾くと臭いがでます。）

break☆

のうえん【農園】

穀物や野菜などを作るための土地、またはその単位のこと。コーヒーを栽培している農園はブラジルだけでも29万軒あるといわれるが、コーヒーの値段の低下により、その数は減少しているそう。

のうやく【農薬】

穀物や野菜を育てる際、害虫の対策や雑草の生育を防ぐために撒かれる薬のこと。農作物を安定して供給するために使われているが、人体に害をなすものも多いため、手間がかかるが無農薬にこだわる農家も。コーヒーは世界で綿に次いで農薬が多量に使われている作物でもある。

ノルウェー王国【Kingdom of Norway】

北ヨーロッパに位置する王国で、氷河によって作られたフィヨルドとオーロラが有名。ブラジルと100年以上の貿易の歴史があり、コーヒー消費量も世界3位。1917～1927年にお酒を飲むことを禁止されたことと、週末のミサでコーヒーを飲む習慣が、国民に一気にコーヒーを浸透させた。自然や登山が大好きで寒い山頂でもコーヒーを楽しんでいる。ワールドチャンピオンバリスタを輩出するコーヒー先進国でもあり、味への探求も盛ん。2012年には世界に先がけフグレン1号店が代々木上原にオープン。知名度が一気に上がった。

バー【bar】

酒場のこと。基本的にお酒を提供する場のことを指すが、立ち飲みスタイルのコーヒー・バーと呼ばれるものや、昼間にコーヒーを提供し、夜はバーになる店も。

バークレー【Berkeley】

アメリカ・カルフォルニア州にある都市でセカンドウェーブ発祥の地といわれている。

コーヒー
&
キャンパス
ライフ

パーコレーター【percolator】

1820年にフランスで考案されたコーヒーの抽出器具の1つで、ポットのような器具を直接火にかけて抽出する。野外で飲むと美味しく感じるようだ。

パストクロップ【Past Crop】

前の年に取れた豆のこと。

時間が経つと 酸化したり 香りが抜けたり..

パーチメント【parchment】

コーヒーチェリーの果肉部分を除去し、豆に殻のついた状態のことをいう。米でいう玄米の状態。ここから脱殻し生豆にするが、パーチメントの状態のほうが保存によいため基本的にパーチメントが付いた状態で保管される。

パーチメント

ハードビーン【hard bean】

グアテマラ、コスタリカなど、主に標高によって格付けする国での等級の1つ。およそ1200〜1350mの高地で栽培される豆のこと。

バール【bar】

イタリアなどの喫茶店・酒場のこと。基本的に立ち飲みスタイルでバリスタがエスプレッソなどを提供してくれ、イタリアの生活には欠かせない場所。コーヒーはもちろん、コミュニケーションも楽しみの1つ。しっかりとした食事ができる「リストランテ・バール」やドルチェメニューが豊富な「パスティチェリア・バール」、お酒メインの「エノテカ・バール」、タバコを販売している「タバッキ」など様々なタイプのバールがある。

社交の場である。

気取らないけどオイシイ食事

ジェラート

そしてエスプレッソ

バールマン【barman】

バールで働く人で、エスプレッソだけでなく、軽食や酒、サービス全般に精通している人のこと。

ハイグロウン【high grown】

メキシコ、ホンジュラス、エルサルバドルなど、主に標高によって格付けする国での等級の1つで、標高1000〜1600mで栽培されるもののこと。

ばいせん【焙煎】

生豆を乾煎りすること。別名ロースト。コーヒーは生のままでは青臭く美味しくないため、火を入れ水分を飛ばすことによって味と香りを引き出す作業。

焙煎機の構造

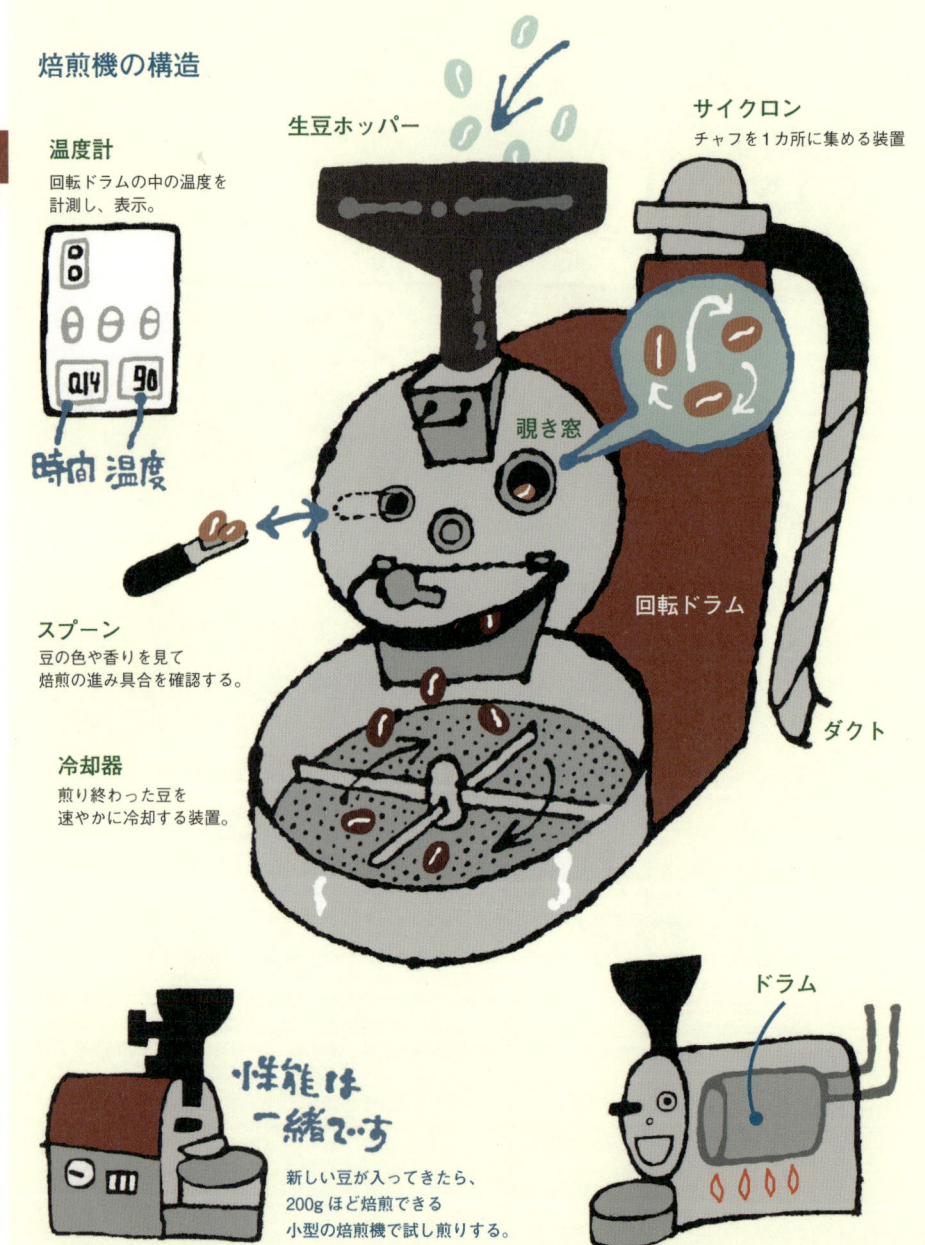

温度計
回転ドラムの中の温度を計測し、表示。

時間　温度

生豆ホッパー

サイクロン
チャフを1カ所に集める装置

覗き窓

スプーン
豆の色や香りを見て焙煎の進み具合を確認する。

回転ドラム

ダクト

冷却器
煎り終わった豆を速やかに冷却する装置。

性能は一緒です

新しい豆が入ってきたら、200gほど焙煎できる小型の焙煎機で試し煎りする。

ドラム

焙煎機の種類

直火式

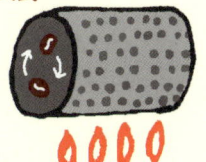

熱源（ガスバーナー）が焙煎機の中にあり、バーナーの炎が焙煎中の生豆に直接当たるタイプの焙煎方式。煎りムラが出やすく焦げやすいが、それがかえって直火ならではの味となり、ファンも多い。

半熱風式

熱源が焙煎機の中にあるが、バーナーの炎が焙煎中の生豆に直接当たらないようになっているタイプの焙煎方式。熱せられたドラムの温度と熱風で焙煎する。どちらかというと優しい味になり、煎りムラも出にくく扱いやすい。

熱風式

熱源が焙煎機の外にあり、熱した空気を循環させて焙煎するタイプの焙煎方式。大量の生豆を短時間で焙煎することができるため大きな工場向きの焙煎機だが、アメリカ、ローリング社のスマートロースターのように、15kg、35kg、70kgといった比較的小バッチで焙煎できるサイズのものもある。きれいな風味のコーヒーを焙煎しやすいが、深煎りにすると味が飛びやすい側面も。

焙煎の時間とロースト具合

生豆

さてどうなるでしょう？

〜5分	〜7分	〜9分	〜11分	〜13分	〜15分

生豆投入

中煎り

深煎り

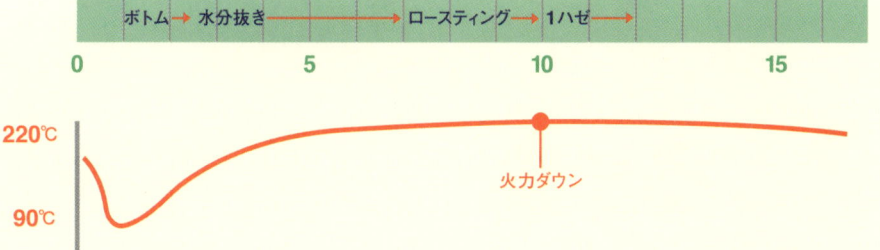

ボトム → 水分抜き ————————→ ロースティング → 1ハゼ →

0　　　　　5　　　　　10　　　　　15

220℃

90℃

火力ダウン

はいなんこーひー【海南コーヒー】

中国・海南省で栽培されるコーヒーのこと。カフェイン含有量が少なめなのが特徴。

ハイブリッド【hybrid】

いわゆる雑種を意味する言葉だが、コーヒーの場合はアラビカ種とカネフォラ種、ロブスタ種を掛け合わせたものをいう。アラビカ種の優れた風味と、カネフォラ種の高い収穫性と耐病性を持ち合わせたコーヒーは、コーヒー生産者の長年の夢であった。ふつうはこの2種類は交配不可能だが、変異したカネフォラ種とアラビカ種の交配によって生まれたハイブリッド種がハイブリッド品種の研究を推し進めた。

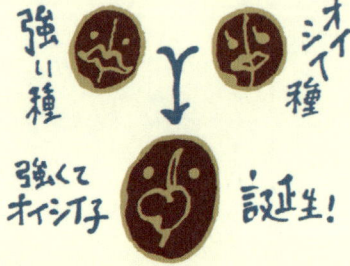

はいぶりっどてぃもーるしゅ 【ハイブリッドティモール種】

本来交配できないはずのアラビカ種とカネフォラ種が偶然、自然交配したもの。さび病にも耐性があるため、アラビカ種との交配の基盤となっている種。

ハイマウンテン【high mountain】

カリブ海、ジャマイカの中部山岳地帯、ブルーマウンテンよりやや標高の低い地域で生産される高級コーヒー豆のこと。

バイヤー【buyer】

商品・食品などをメーカーや卸売業者から買い付け、小売店に納品する仕事。資格などはないが、それぞれの商品に対する専門知識が必要となる。コーヒー豆の生産地へ足を運び、ダイレクトトレードによりスペシャルティコーヒーを仕入れるバイヤーは、コーヒーの品質向上に重要な役割を担っている。

ハイロースト【high roast】

深い中煎り。濃いめの茶色をしている。中煎りから少し香味の質が変化し、酸味とコクのバランスもよい。

ハウスブレンド【house blend】

ブレンドの名前。お店で商品名となっている場合もあるが、そのお店の基本となる味作りをしたブレンドを指してこういうこともある。

ぱかすしゅ【パカス種】

エルサルバドルで発見されたブルボン種の自然突然変異種。小粒だがチェリーの完熟が早いため収穫性が高く、標高が高いところで栽培されるほど品質がよくなる。

ぱかまらしゅ【パカマラ種】

ゲイシャ種に並んで近年注目されている種で、エルサルバドル生まれのパカス種とマラゴジペ種の人工交配種。豆は大粒でチョコレートのような香りやピーチを思わせるトロピカルで濃厚な甘味、特にグアテマラ西部、ウェウェテナンゴというところのエル・インヘルト農園の作るパカマラは素晴らしく、COE（70P）の舞台で何度も上位に入賞し、その名を馳せた。

ばくがこーひー【麦芽コーヒー】

ノンカフェインのコーヒー風飲料。妊娠中や高血圧、小さなお子様、胃腸の弱い人や5大アレルゲンが気になる方におススメ。

はぜ【ハゼ】

焙煎のポイントを表す用語。1ハゼ＝焙煎により生豆に含まれている水分が水蒸気となり膨張することで生豆の細胞を押し広げる音のこと。パチパチという弾けるような音がしばらく鳴り続く。2ハゼ＝加熱により二酸化炭素の量が増え豆の細胞を押し広げて膨張し、組織を壊す音。ピチピチという高音が鳴り続く。

バソ【Vaso】

スペイン語でグラスを指す言葉。

バターコーヒー【butter coffee】

カップに蜂蜜を入れ、コーヒーを注ぎ、無塩バターを浮かせた飲み物。最近ではアメリカを中心に「防弾コーヒー」と呼ばれ、ダイエット効果があると話題に。

パッキング【packing】

コーヒー豆を梱包すること。真空包装は空気と一緒に焙煎豆の風味を吸い出してしまうのでNG。バルブ式包装は焙煎豆から発生するガスをほどよく逃がしつつ外気の侵入を防ぐので、常温での保管はこちらがオススメ。

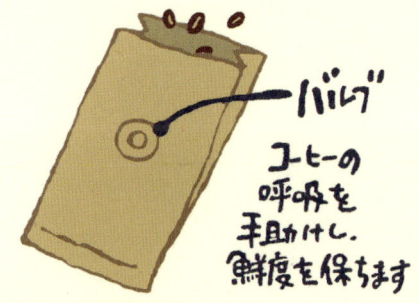

はっこうまめ【発酵豆】

水洗水が不衛生であったり、長時間発酵槽に浸かった際に発酵した豆。ヨード臭を発し腐敗臭の原因となる。

パティオ【patio】

コンクリートやレンガでできた乾燥場。水路で運ばれたパーチメントを広げて乾燥させる。太陽の日差しが均一に当たるように1日に何度も撹拌する。

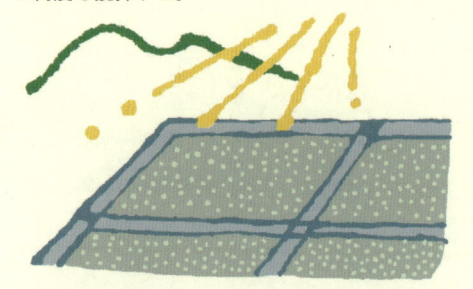

パナマ共和国【Republic of Panama】

北アメリカと南アメリカの境に位置し、ゲイシャブームにより認知度が高まってきた生産国。19世紀に入ってヨーロッパから移民が入り、生産が始まった。精製はウォッシュトで仕上げは天日乾燥、赤道に近く一年中高温多湿である。最近では観光地や保養所として人気が高く、コーヒー農園を手放す人も増えているとも。コロンビアおよびコスタリカと陸続きだが香味はどちらにも属さない独特のものである。

ゲイシャがあまりに
有名ですが
他の豆も良質です

パニーノ【Panino】

イタリアのサンドイッチで複数形をパニーニと呼ぶ。チャバッタやロゼッタなどイタリアのパンにチーズやトマト、ハムなどの具材を挟む。バールでは朝食や軽食として提供し、エスプレッソと一緒に食べる。

ハニーコーヒー【honey coffee】

コスタリカで始まった生産処理で、収穫したコーヒーチェリーの果肉を除去した後、パーチメントに付着したミューシレージ(178P)を除去する機械にかけ、乾燥させる方法。除去する割合は任意に設定が可能なため、同じ農園のチェリーでも様々な風味のコーヒーを作ることができる。ミューシレージを残すほど、乾燥させたパーチメントの色が濃くなって風味は甘く複雑になり、除去するほど乾燥させたパーチメントの色が薄くなって風味は爽やかになる。もともとは中米で主流のウォッシュト(50P)をコスタリカでも行っていたが、排水を浄化せず河川へ流していたため環境問題になり、より水の使用量が少ない方法を、ということで考案された生産処理。

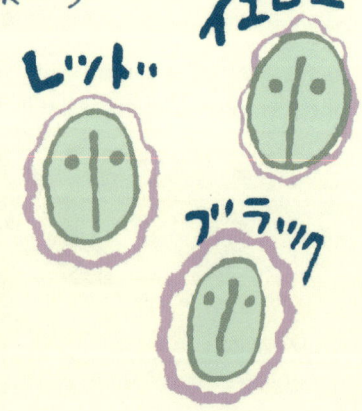

バネット【banet】

コーヒーバネット、バネのように伸縮するドリッパー。たたむと厚みが1cm程度に縮まり、ステンレス製なので壊れにくく洗いやすくアウトドアにもぴったり。

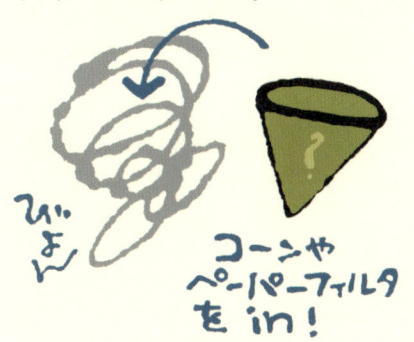

コーンや
ペーパーフィルタ
を in!

パプアニューギニア独立国
【Independent State of Papua New Guinea】

南太平洋にある島々からなる国で、美しい海と山、人と自然が織りなす地球最後の楽園ともいわれている。コーヒーの栽培は1950年頃から本格的に始まり、生産条件も良く在来種が多く残り大切に育てられている。

パフェ【parfait】

グラスなどにアイスクリームや果物、チョコレートやクリームなど様々な甘い食べ物をコンバインしたもの。コーヒーゼリーやコーヒー味のアイスなどを使用したコーヒーパフェを提供する喫茶店も。

パブリックカッピング
【public Cupping】

普段コーヒー店のスタッフだけで行うカッピングを誰でも参加できるようオープンにしたもの。欧米のスペシャルティコーヒーを扱うカフェで盛んに行われ、近年日本でも取り入れる店が増えてきた。味比べして、数ある豆の中から好みのものを見つけるのは楽しい。

普段わかりづらい味の違いを
感じられる機会です

パラァ【parra】

昔ながらの剪定方法の1つでコーヒーの樹の幹を四方に曲げ、新しい幹を生やす方法。全体的に陽が当たるため均一な実を作ることができる。

背の高い昔ながらの品種に
用いられます。

バランス【balance】

釣り合いが取れている状態のこと。酸味や香り、後味などバランスがよいコーヒーは多くの人に好まれる。

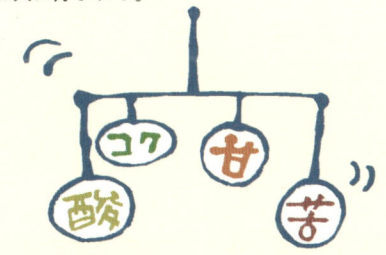

バリ【Bali】

バリではコーヒーのことを「コピ」と呼んで親しまれている。コピルアック（93P）の看板を掲げているコーヒーショップもよく見かけるようだ。実際にルアックを飼っている店も。

フレッシュな
コピルアック
ですー

ハリオ【HARIO】

ガラスの王様「玻璃王」から名付けられた日本の耐熱ガラスメーカー。豆本来の味が引き出せると海外からも評判の高いV60シリーズは、スパイラル状のリブでグッドデザイン賞も受賞している。

海外でも人気のV60

メタル・ガラス・セラミック等

ドリップケトル

形がカワイイ

バリスタ【barista】

コーヒーを淹れる職業で、主にエスプレッソの技術が優れている人のこと。コーヒーを淹れるだけでなく、味やサービス、知識も必要とされる。バリスタの日本一、世界一を決めるJBCやWBCなどもあり、日々スキルは向上している。

あなたのための1杯…

バルザック【Balzac】

フランスの作家で『人間喜劇』『ゴリオ爺さん』『幻滅』などの代表作を持つ。一日に50〜80杯コーヒーを飲んでいた。

1日 6〜10 リットル

パルパー【pulper】

果肉除去機のこと。チェリーの皮と果実を取り除き、ミューシレージに覆われたパーチメントの状態にする機械。

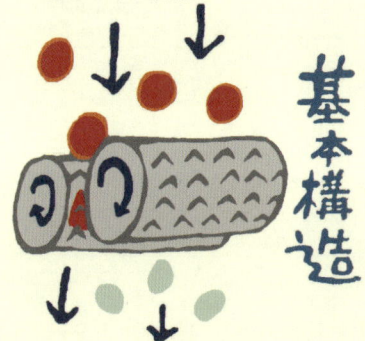

基本構造

おろし金のような表面のドラムが回転して果肉を剥がす。大農園の巨大なパルパーも、小規模農園の手動パルパーも基本は同じだそう。

パルプトナチュラル【Pulped Natural】

生産処理の1つで、1997年に国連グルメコーヒープロジェクトによって始まった。コーヒーチェリーをパルパーにかけた後、水に漬けずにそのまま乾燥行程に入る方法。ウォッシュトより甘味があるコーヒーになり、ハニーコーヒー（140P）とも呼ばれる。

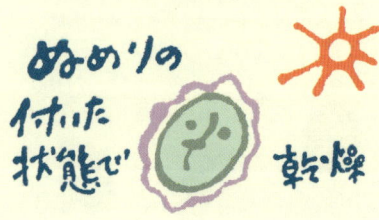

ぬめりの付いた状態で 乾燥

ハワイ【Hawaii】

アメリカ合衆国の州の1つで太平洋に位置し、ハワイ島、マウイ島、オアフ島、カウアイ島、モロカイ島、ラナイ島、ニイハウ島、カホオラウェ島の8つの島と100を越える小島から成り立つ。コーヒー生産の始まりはアメリカの資産家がプランテーションでの栽培を試みたところ、価格競争に敗れたため農園をリース契約で貸し出し。その農園を借りた日系人が価格が無理なら品質で勝負しようと試みた結果、素晴らしいものを作り上げた。コナコーヒーはブルーマウンテン、キリマンジャロと並ぶ世界3大コーヒーの1つ。生産量は世界で1％以下と大変希少価値が高い。

ハワイコナ【Hawaii kona】

ハワイ島コナ地区で栽培されるコーヒーのこと。ハワイではマウイやオアフなどでもコーヒーの栽培を行っているが、火山性土壌で寒暖差があるコナ地区（93P）の豆が最も高品質とされている。

パン【bread】

小麦などの粉に水と酵母などを加え、焼いた食べ物。イエスキリストが最後の晩餐で一塊のパンを「私の身体（肉）」と言って弟子たちに食べさせたとされており、多くの国で主食として食べられている。その種類は5000種を越えるともいわれ、コーヒーとともに食べることも多く、切っても切れない間柄。

パンケーキ【pancake】

小麦粉に卵と砂糖、牛乳などを加えたものをフライパンで焼いた、パンのようなケーキのような食べ物。日本でも人気は高く、「パンケーキの美味しい店」は度々話題にあがることも。多くの人に愛されるパンケーキは喫茶店でもメニューとして取り入れられることが多い。

バンコニスタ【banconista】

バールで働く人の中で、バンコ＝カウンターに立って酒などのサーブと接客をする人の呼び名。

ハンサムコーヒー【Handsome Coffee】

LAを代表するコーヒーロースターでサードウェーブの代表格の1つともされている。エスプレッソ以外はシングルオリジンにこだわり、クオリティーの高いコーヒーを広める活動にも積極的。2014年にブルーボトルによって買収され、バリスタチャンピオンのマイケル・フィリップスはブルーボトルの日本出店の際にトレーナーとして活躍。

ハンドドリップ【hand drip】

コーヒーの淹れ方で最も手軽な方法の1つで、コーヒー豆をドリッパーにセットし、お湯を注いで抽出する。シンプルだが奥が深く、ドリッパーの形状や素材、淹れる人や日によって味が微妙に変化するのも面白い。

用意する道具

- **サーバー**（温めておく）
- **ポット**（お湯の量を調節できる口先が細いもの）
- **コーヒー豆**（中挽きがメジャー）
- **フィルター**（ペーパー、ステンレス、ネルなど）
- **ドリッパー**（円錐型、台形型などお好みで）
- **湯**（1杯につき130cc前後。豆質がよければ90℃以上でOK。）

1杯10gなら2杯188gなど複数杯淹れると経済的です

★豆はコーヒー1杯につき10gから13gを目安に。2杯以上淹れる場合は単純に掛け算すると多くなるので、気持ち減らして。

1 温めたサーバーの上にドリッパーとフィルターをセットし、杯数分の豆を入れる。

豆は平らに

2 豆に1湯目を注ぎ、蒸らす。湯はフィルターにかけないよう、粉全体に染み込ませる。（目安は粉と同じ分量。）

3 粉がドーム状に膨らむまで待つ。（目安は20〜40秒くらい。豆の状態を観察する。）

あわが火山みたいになるのはNG

ぷっくりなめらか

4 蒸らし終えたら2湯目を静かに注ぐ。1湯目同様フィルターにかけると湯が粉に触れず流れてしまうので注意。よく「の の字」を描くようにといわれているが、湯がコーヒー全体に均一に触れられれば、どんな注ぎ方でも問題ない。

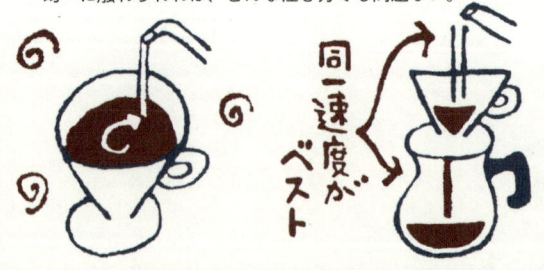

同一速度がベスト

5 ドリッパーの湯が3分の1程になったら注湯を繰り返す。時間をかけすぎると湯の温度が変わってしまうので、4湯目あたりで注ぎ終えるとよい。

よいコーヒーは表面に微粉と泡 底に粗い粉

ドリッパーの個性

円錐タイプ

大きな1つ穴のため、
湯がドリッパーに溜まりにくく、
注湯のスピードによって
風味を変えることができる。
少し苦めにしたいときはゆっくり、
酸味を楽しみたいときは
早めに湯を注ぐことで
味の変化を楽しめる。
代表メーカーは「ハリオ」
「珈琲サイフォン社」。

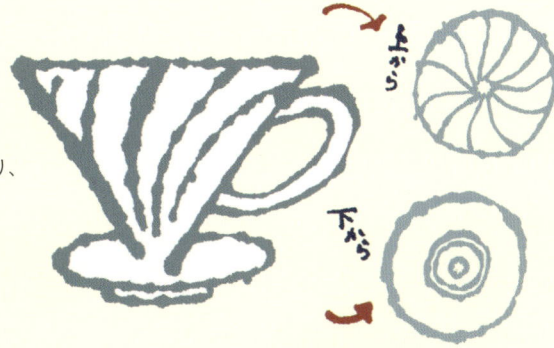

上から

下から

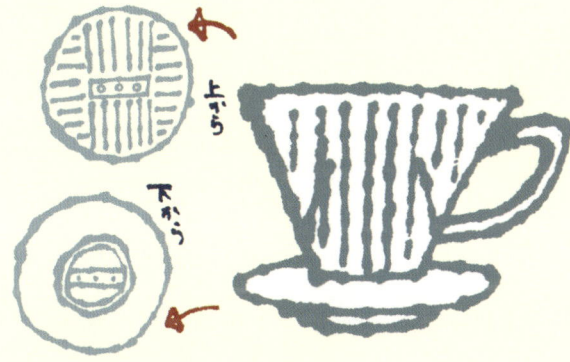

上から

下から

台形タイプ

円錐に比べ穴が小さいので
ゆっくりと落ちるのが特徴。
豆と湯が触れている時間が
少し長いので濃い味が出やすい。
透過法と浸透法の
中間のようになるため
蒸らし時間は少し控えたほうが
美味しいとされている。
主なメーカーはメリタ（1つ穴）、
カリタ（3つ穴）。

フィルターの個性

ペーパーフィルター

後片づけの手軽さがポイント高。
定番の円錐型・台形型以外にも
ウェーブがかかって水切れを
よくしたものもある。

ステンレスフィルター

壊れないかぎり半永久的に使えるため
最近では主流になりつつある。
ペーパードリップだと味わえない
コーヒーオイルも楽しめるのが嬉しい。

味が
ブレづらい

ネルフィルター

手入れの不便さはネックだが、
口当たりが柔らかく、
根強いファンも多し。

ハンドピック【hand pick】

機械選別の後手作業で欠点豆を取り除く行為。

ハンドプレッソ【handpresso】

フランスで開発された小型エスプレッソマシン。手動式のポンプで気圧を溜める方法で、電気のない場所でも本格的なエスプレッソを楽しむことができる。

ビアレッティ社【しゃ】

1933年にイタリアで設立された会社。直火式エスプレッソマシンの代名詞的アイテム「モカエクスプレス」を作り広めた。

ピーナッツ【peanut】

別名落花生。名古屋の喫茶店ではコーヒーを注文するとおつまみにピーナッツが付いてくるところも。1962年にザ・ピーナッツがコーヒールンバをカバー。

ピーベリー【peaberry】

通常1つのチェリーに2つ豆が入っているが、偶然丸い豆が1粒入っていたもののこと。味は通常のものと変わらないが、丸い形は均一に火が入りやすいなどの理由から焙煎の際に味に深みが出るともいわれている。全体の10%ほどしかなく貴重。

ビール【beer】

麦を発芽させた麦芽をビール酵母で発酵させたアルコール飲料。脳に与える作用として、ビールを飲むとリラックスして新しいアイデアが生まれることが多く、コーヒーを飲むと集中力を高める効果があるそう。

ひきうり【挽き売り】

豆を挽いた状態で販売すること。グラインダーを持っていない人にはありがたいが、劣化しやすいのが欠点。早めに飲み切りたい。

ビスマルク【Bismarck】

ドイツの政治家、あだ名は鉄血宰相。卵と牡蠣とコーヒーが大好き。

ビチェリン【Bicerin】

イタリア・トリノの昔からある飲み物で、エスプレッソとホットチョコレート、牛乳でできた暖かい飲み物。ビチェリンとは小さなグラスを意味し、小さなグラスに注がれて出てくる。

Torino

ひと【人】

無口なマスターか、お話の上手なバリスタか、わりと分かれる感じだろうか。実直でまじめなタイプ、職人気質なタイプ、ソフトで人当たりの良いタイプ…。基本的に人好きな人が多いのでは。コーヒー豆の質以上に、店員さんとのフィーリングも味に影響している気がする。

きっさ店は
ヒゲマスター
のイメージ

ビフォアーロースティングテスト【before roasting test】

入荷した生豆を任意に抜き取り味覚テストする。本来の味と香りを維持しているかをチェック。

びふん【微粉】

コーヒー豆をグラインドした際に出る、粒の見えない細かい粉のこと。目に詰まったりコーヒーの舌触りが悪くなることから取り除かれることが多い。

ひろさき【弘前】

東北地方・青森県にある市で、全国一位の林檎の生産量を誇る。メインのキャッチフレーズは「りんご色のまちHIROSAKI」だが、幕末に弘前藩士たちがコーヒーを飲んでいたことからコーヒーの街としても宣言。藩士たちの淹れ方は鉄鍋で焙煎、すり鉢ですり潰し、土瓶に湯を入れコーヒー入りの麻袋を振りながら浸す抽出方法で、水だしならぬお湯だしコーヒーといったところ。

ピンクブルボン【pink bourbon】

実がピンク色に熟すコーヒー。ブルボン種からの突然変異で収穫量が少ないが、控えめな酸味と爽やかな甘味が特徴の珍しいコーヒー。

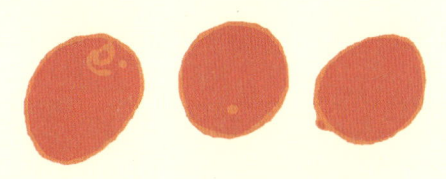

ファーストウェーブ【first wave】

第二次大戦後〜1970年代までのアメリカのコーヒー文化で、大量生産・大量消費のコーヒーの時代のこと。真空パックが開発され、焙煎コーヒーの遠距離流通が可能になったためマーケットが拡大したが、味よりも経済効率を重視し、品質の低下から「コーヒー離れ」を生んだ。

たくさん 売って もうけるのだー！

ファーマーズマーケット【farmer's market】

農家の人が自前の農産物などを持ち寄り、直接販売する市場のこと。生産者の顔が直接見え、鮮度がよく、安心して購入できることから、日本でも週末を中心に各所で開催されている。農家だけでなくパンや菓子などを販売する人もいて、サードウェーブの中心でもある『ブルーボトル』は、ファーマーズマーケットからはじまったとされている。

ファイヤーキング【Fire king】

アメリカのガラスメーカー、アンカーホッキング社のブランドの1つ。非常に耐久性があり、つるりとした独特の肌触りはコーヒーを飲むのにも最適。シンプルなものから人気のキャラクターが付いたものまで、コレクターアイテムとしても人気。1976年に一度製造を中止したが、2011年から日本で復刻生産を行っている。

普段使いにgood☆

ブイスィックスティ【V60】

ハリオの円錐形ドリッパーの代名詞。底面の大きな1つ穴によりネルドリップに近く、湯を注ぐスピードで味を調節することができる。国内外で高い評価。

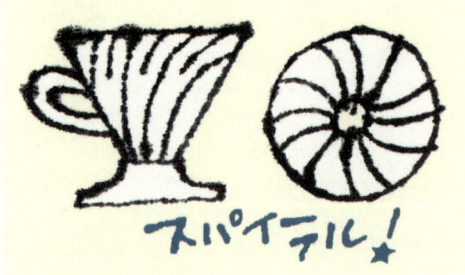

スパイラル！

フィルター【filter】

紙や金属などでできたコーヒーを濾す道具。

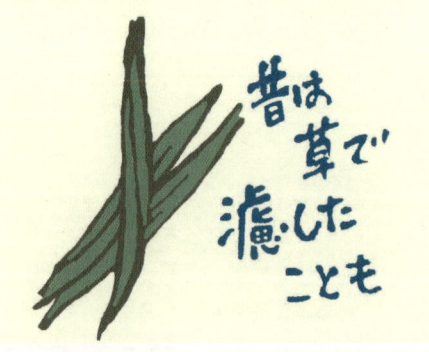

昔は草で濾したことも

フィンランド【Republic of Finland】

北ヨーロッパの1つで、マリメッコやムーミンが有名。雇用契約に「コーヒー休息」が明記されているくらいコーヒー好きな国民。国民一人あたりの消費量は世界トップ。コーヒーは好きだけれど味へのこだわりはあまりなく、家庭で飲む商品を好む傾向があるそう。浅い焙煎のドリップ式が好みで、栄養審議会の健康的な食生活ガイドラインでは1日3〜5杯飲むよう書かれている。ちなみに上限はナシ。

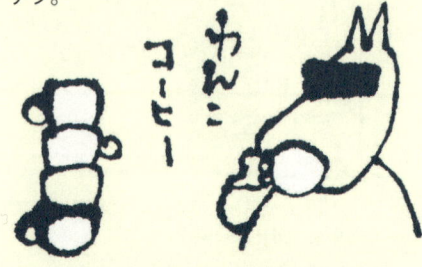

わんこコーヒー

フェアトレード【fair trade】

公平な貿易を意味し、発展途上国の生産物や製品を適正な価格で継続的に購入するしくみのこと。フェアトレードの商品を選ぶことによって、生産国の人々が生活を改善し、品質の良いものを作り続けていけるための援助につながる。現在の価格はコーヒー豆1ポンドあたり1.55USドル〜となっており、現状NY市場価格と大きく変わらない。生産者がオーガニック認証を取るとさらにプレミアもつくが、オーガニック取得には費用がかかるので、多数のコーヒー生産者がその恩恵を受けられているかは疑問が残る。

良質な品物を生産

適正な価格での購入

生産者　　　消費者

フェザーリング【feather ring】

抽出したコーヒーにミルクを入れたとき、ミルクが細かい羽毛のような形に固まる現象のこと。砂糖を最初に入れたり、温度が下がってからミルクを入れると防ぐことができる。

フォースウェーブ【fourth wave】

サードウェーブの次の時代。もうはじまっているのか、これからなのか…。

フォームミルク【foamed milk】

泡立てられたミルクのこと。特に上のほうの泡の部分を呼ぶ。

フォレストコーヒー【forest coffee】

自生したコーヒーの木から収穫する方法。

ふかいり【深煎り】

焙煎の度合いのことで、焙煎に時間をかけることによって酸味が弱まり、苦味が強く、香ばしくなる。カフェインが減るのも特徴。

ふくこうかんしんけい【副交感神経】

自律神経の一種でリラックスしている状態のときに働く。コーヒーの香りにはリラックス効果があるが、交感神経を刺激するため就寝前などは控えたほうがよさそう。

フグレン【FUGLEN】

1963年創業のノルウェーのコーヒーショップ。非常に高い品質のコーヒーはニューヨークタイムズに「飛行機に乗ってでも飲みに行く価値あり」と書かれたことも。ノルウェー語で「鳥」を意味するフグレン。2012年には海外1号店が東京・代々木公園にオープン。

藤岡弘、
ふじ おか ひろし

コーヒー好き芸能人代表。「点滴ドリップ（124P）」という極少量ずつ思いを込め、「ありがとう」「美味しくなれ」と言葉をかけながら淹れる独自の淹れ方がある。また、父親が武道家、母親が茶道家という家庭で育っためか、茶道の作法でコーヒーを点てて飲むことも。水に対するこだわりが強く、飲み水は熊や鹿が出没する山奥へ、自ら岩清水を汲みに行く生活を40年以上続けている。ボランティアや探検、映画撮影などで100カ国近くを旅し、世界各国のコーヒー文化に触れ、コーヒーに強い関心を持つ。精神を集中し、おもてなしの和心で淹れる、生粋の珈琲ラバー。

有機栽培の藤岡珈琲やオリジナルカップも販売。購入者には冊子「藤岡珈琲道」ももらえるそう。

『藤岡珈琲』　http://www.samurai-hiroshi-shop.jp

ふじこうき【富士珈機】

焙煎機やミルなどコーヒー機器の専門メーカー。国産で値段も手頃なため、「フジローヤル」は日本のロースターで広く使われている。また、大型・小型の焙煎機や「みるっこ」をはじめとしたコーヒーミルは人気が高く、専門店から家庭まで幅広く使われている。

プライベートオークション
【private auction】

農園が単独で豆のオークションを行うこと。品質に自信がある農園が行うことがほとんどで、お金さえあれば個人ではなかなか手に入れづらい、希少価値の高いコーヒーを手に入れることができるかも。

ブラインドテイスティング
【blind tasting】

ボトルやラベルを隠してテイスティングすること。人は情報に感覚を左右されやすいため、純粋に味や香りだけで行うブラインドテイスティングはテイスティングスキルを高めるのにも効果的である。

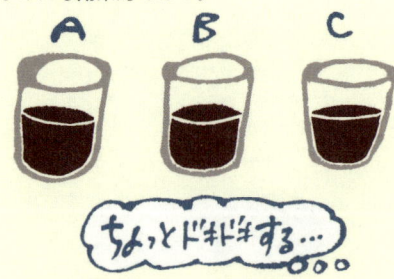

ブラシ【brush】

コーヒーミルに残ったコーヒー粉は放っておくと酸化して雑味の原因になってしまう。水洗いできないものも多いのでブラシがあるととても便利。

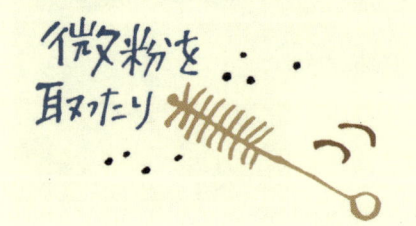

ブラジル連邦共和国
【Federative Republic of Brazil】

南アメリカ最大の面積を誇る国でサッカーとカーニバルが有名な熱い国。世界最大のコーヒー産地でもあり、生産国では珍しく消費量も世界2位である。種類はアラビカ種が約80%を占めている。標高があまり高くないため、全体的に酸味は少ないが、しっかりした苦味と香りが特徴。ブレンドのベースにもよく使用される。品質はスクリーンサイズと欠点豆の量で決められている(26P)。

ブラック【black】

コーヒー以外のものを入れない状態のこと。

ブラックハニー【black honey】

ハニープロセスの一種で、果肉を90〜80%残した状態で乾燥させたもの。果肉を100%残したナチュラルプロセスに次いで甘い濃厚な豆に仕上がるそう。

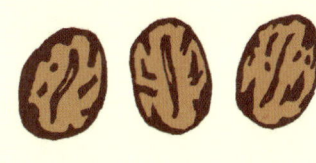

ブラックビーン【black bean】

欠点豆の一種で黒豆のこと。前年の豆や早く成熟して地表に落ちたものが発酵腐敗し、黒ずんだ状態になること。美味しくないため取り除かれる。

ブロッサムシャワー【blossomshower】

本格的な雨期の前に降る優しい雨。この雨が農園を潤すとコーヒーは枝から妖精のような白い花を咲かせる。

フラットブラウン【flat brown】

アイス版マキアートのこと。

フラットベリー【flat berry】

コーヒーの実の中に豆が2つ向きあって入っている状態のこと。ほとんどのコーヒーの実はこの状態。

片面が平ら

フラットホワイト【flat white】

エスプレッソにきめ細かなスチームミルクがプラスされたエスプレッソ版カフェオレのこと。

クリーミーなミルク
エスプレッソ

フラッペ【frappé】

砕いた氷にシロップやフルーツなどをかけたもの、かき氷。コーヒーフラッペやカフェフラッペなどもあるが、コーヒーを凍らせたものを砕いた、グラニテ状態のものが多い気がする。

キーン

昔プロルでたべた

ブラベ【breve】

エスプレッソに生クリームと牛乳を混ぜたものを入れた、米国ではポピュラーな濃厚ドリンク。

フラペチーノ®【Frappuccino】

スターバックス®で販売されているフローズンドリンクの商品名。フラッペとカプチーノから作った造語でコーヒーとミルクなどを氷とともに撹拌した飲料。コーヒーを使った商品に加え、果汁やティーを使った商品もある。

どれも美味ですが
コーヒージェリーフラペチーノ®は定番化してほしい！

※2015年5月時点では販売していません。

フランシスベーコン【Francis Bacon】

イギリスの哲学者。シェイクスピアと同一人物と噂されている。コーヒーのことを「精神を濃厚にし強め、活発にするは確かなり」と述べている。

プランジャーポット【plunger pot】

フランスで開発されたコーヒーを淹れる器具。フレンチプレス（156P）。

フランス共和国【French Republic】

西ヨーロッパに位置する、自由・平等・博愛の国。フランスといえば「オシャレなカフェ」のイメージがあるが、消費量はヨーロッパ8位と意外と多くない。フランスで主流の飲み物はワインで朝から飲む人も少なくなく、コーヒーは目覚ましのために飲むような位置づけ。家庭用のエスプレッソマシンが普及したため、飲まれるコーヒーはエスプレッソが多いようだ。

Photo：Ken Gondo

プランテーション【plantation】

植民地時代にヨーロッパ各国によって開拓された大農園のこと。広大な農地で単一の作物を栽培し、労働力の中心は安価な先住民や奴隷などを利用。主に熱帯・亜熱帯で輸出目的で栽培する。コーヒーも主な作物の1つ。

どこまで・いってもコーヒー農園

ブランド【brand】

特徴的な製品で顧客や社会にとって価値のあるもの。ブルーマウンテンやハワイコナなど、コーヒーにも有名なブランドがいくつもある。

フランネル【Flannel】

ネルドリップに使用されている織物で、柔らかい手触りが特徴。ネルシャツにも使用されている生地。

フリーズドライ【freeze drying】

食品をマイナス40℃程度で急速冷凍、その後真空状態にして水分を乾燥させる技術のこと。インスタントコーヒーを作る際使用される方法の1つ。食品が軽量かつ長期の保存が可能になるため、本格的な登山や災害時の備えにも大変便利。

プリーモ【primo】

イタリア語で一番を意味する単語。

フルーツ【fruits】

食用の果実のこと。主に木になるものを指す。シトラスやアップルなど、コーヒーのフレーバーにもよく用いられる。また、コーヒーチェリーの果実もフルーツの一種で、ビタミンやポリフェノールが豊富に含まれている。

ブルーボトルコーヒー【Blue Bottle Coffee】

ジェームス・フリーマン氏創設の、コーヒー界のアップルとも呼ばれている、アメリカで大人気のコーヒーショップ。コーヒーはマニュアル化され効率化されるものではなく、もっと心を込めて淹れるもの。ジェームス氏は日本の喫茶店のホスピタリティやクラフトの面でもインスパイアされたという。2015年2月に清澄白河で1号店オープン。

ブルーマウンテン【blue mountain】

ジャマイカにあるブルーマウンテン山脈の、限られた地域で栽培されるコーヒー豆のブランドのこと。香りが高く、繊細。そのため香りの弱い豆とブレンドされることが多い。収穫量が極めて少なく高価な豆で、特定エリアの地域以外ではその名をつけることができない。日本に輸入されている豆の多くはその規定外にもかかわらずその名がついていることが多く、日本での販売量は正規輸入量の3倍ともいわれている。日本人好みの風味と調和のとれた味で輸出の95％が日本向け、大変高価である。

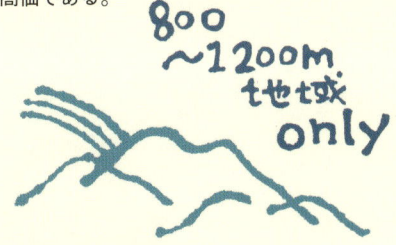

フルシティロースト【fullcity roast】

中くらいの深煎りで酸味は少なくなり、コクとやわらかな苦味がある。

ブルボンエリテ【bourbon élite】

エリテはフランス語でエリートを意味する。アラビカ種のブルボン亜種の優秀な樹同士の交配を繰り返した種で口当たりはキャラメルのように甘く、酸味・ボディがしっかりとしたハーモニーの心地よいコーヒー。

ぶるぼんしゅ【ブルボン種】

ティピカと並ぶアラビカ種の2大品種。ティピカ種の突然変異でイエメンからブルボン島に移植されたのが起源と言われている。病気に弱く実も小粒で収穫は多くないが、芳醇で香り高く最高級の品種のひとつ。

ブルボンポワントゥ【bourbon pointu】

ルイ王朝に愛された伝説のコーヒーで、種の交配が多いコーヒー界で限りなく原種に近い奇跡のコーヒー。原種のコーヒーには珍しく、フルーティで香り豊か、クリーンな味わい。収穫量がごくわずかなため、日本に届くのは年に1度だけだそう。

フレーバーコーヒー【flavor coffee】

様々な風味を付加したコーヒーのこと。北欧を中心にヨーロッパでコーヒーにシナモンやリキュールなどで香り付けしたのがきっかけとされている。豆を焙煎する際に香料を噴霧したり、抽出したコーヒーに香料を加えるなどの方法がある。チョコレートやバニラ、ナッツ、フルーツの香りがするが砂糖は入っていないのでノンカロリー。ミルクと合わせても美味しい。

ブレイク【break】

小休止のこと。コーヒーやお茶を飲みながらの小休止をコーヒーブレイクとも呼ぶ。

フレーバー【flavor】

コーヒーを口に入れたときに感じる、味と香りを合わせて呼ぶ呼び名。風味や香味と訳される。品種や生産処理、焙煎によって同じコーヒー生豆でも様々なものがフレーバーが生まれ、強さも色々。強ければいいというものでもなく、特にスペシャルティコーヒーの品評会ではその質を厳しく評価される。

COUNTER CULTURE COFFEE
TASTER'S FLAVOR WHEEL

Counter Culture Coffee©

ノースカロライナにあるカウンター・カルチャー・コーヒーが公開した、フレーバーホイール。誰でもダウンロードできるよう公開されている。
http://counterculturecoffee.com/learn/coffee-tasters-flavor-wheel

フレームドリッパー【frame dripper】

必要最小限のステンレスフレームでペーパーフィルターを支える構造。ネルドリップのようなドリップ感が得られる。

プレシップサンプル【pre ship sample】

船積み前のサンプルのカップテストを行うこと。

プレシップメントテスト
【pre shipment test】

タイプサンプルテストに合格した生豆を再度サンプル空輸して、原産国から船積みする直前に行う味覚テスト。実際の貯蔵管理状態をチェックする。

ぷれすしき【プレス式】

主にフレンチプレスを指す言葉で、コーヒーの味をダイレクトに感じられるのが特徴。

プレミックス【premix】

生豆の段階で混ぜてから焙煎するブレンド方法。シンプルで手間を省けるのが利点。

フレンチプレス【french press】

コーヒーの抽出方法の1つで、イタリアで発明したプレス式コーヒーがフランスで広まったのが初めという説と、フランスで開発されたプランジャーポットで淹れたコーヒーのことを指す説がある。淹れ方はシンプルで、容器に粉を入れ、湯を注ぎ、時間（4分がベストといわれている）がたったところでプレスを下げるだけ。微粉が多少出るものの、口当たりがやわらかくコクのある仕上がりになるのが特徴。日本では最初に紅茶を淹れる器具として輸入されたため、別名ティーサーバー、ボナポット、メリオールとも呼ばれる。水出しコーヒーを作るのにも便利である。

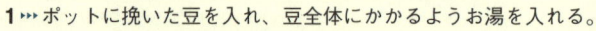

1 ▸▸▸ ポットに挽いた豆を入れ、豆全体にかかるようお湯を入れる。

2 ▸▸▸ プランジャーを下げずに4分蒸す。

3 ▸▸▸ プランジャーをゆっくり押し下げる。

4 ▸▸▸ カップに注ぐ（あまり傾けずにゆっくり入れると微粉の混入を抑えられる）。

ブレンディ【Blendy】

AGFから発売されているコーヒーの主力ブランド。原田知世のCMでおなじみ。レギュラーコーヒー以外にも牛乳にさっと溶けるインスタントコーヒーや夏にぴったりボトルコーヒーなどがある。

フレンチロースト【french roast】

深煎り。しっかりとしたコクとやわらかな甘味があり後味は甘い。アイスコーヒーやカフェオレなどによく使われている。日本やヨーロッパではイタリアンローストのほうが深いコーヒーとされているが、アメリカ西海岸ではフレンチローストのほうが濃いコーヒーとされている。

ブレンド【blend】

数種類のコーヒー豆を配合すること。組み合わせは多種多様で、店ごとの独自ブレンドやシーズナリーブレンドなど、好みの個性やバランスで作ることができる。基本的に3〜5種類の豆でブレンドされることがほとんど。「モカ」ブレンドなどブレンドに産地の名前が入っている場合はその豆が混合されていることになるが、その配分量は定められていない。

ふろ【風呂】

湯船に湯、または水を張ったもの。箱根ユネッサンには低温抽出した粗挽きネルドリップ式のコーヒー風呂があり、疲労回復やリラックス効果があるそう。自宅でもコーヒーを淹れた後のかすを布に包んで入浴剤代わりにすれば、同様の効果が。

フローター【floater】

欠点豆の種類のひとつ。水に浮く密度のない白い豆。

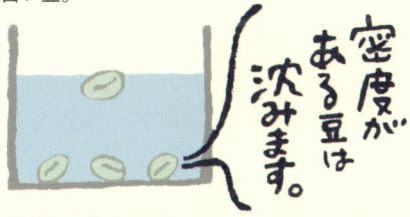

フロート【float】

「浮く」という意味の単語で、アイスクリームを浮かべた冷たい飲み物の総称。コーヒーフロートはアイスコーヒーにアイスクリームを浮かべた飲み物で、アイスの甘味でコーヒーがまろやかになりコーヒーが苦手な方も飲みやすい。

フロスト【frost】

ブラジルや高地のコーヒー農園で見られる、降霜による被害のこと。葉が茶褐色に変わり、樹木全体が枯れてしまうこともある。被害が起きると広範囲におよび元通りになるまで2〜3年かかることも。

フロスミルク【flosmilk】

ミルクをフォームし泡立てた状態のもの。別名フォームミルク（149P）。基本的に電動のミルクフローサーを使って作るが、泡立て器などでも代用可能。ミルクの温度や泡立て方によってきめの細かさなど変わってくるが、加熱しすぎると脂肪分が分離したり、表面に膜が張ってしまう。ミルクは65℃を越えると風味や香りが落ちるので注意。ただし70℃くらいまで温度を上げて泡立てると 軽い泡ができるので、シロップなどを使い、風味をカバーできる場合は口当たりをよくするためにあえて高めの温度で作ることもある。

ふろすみるくおんどけい
【フロスミルク温度計】

最適な温度でフロスミルクを作るための温度計。銀の棒の上に温度計がついたシンプルな道具。

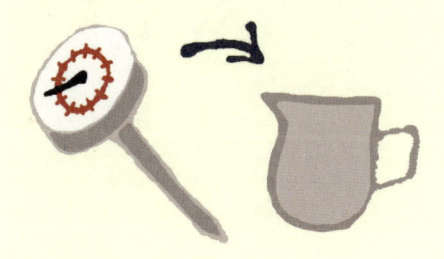

ぷろばっとばいせんき
【プロバット焙煎機】

1868年に創業されたドイツのメーカーの焙煎機。ヨーロッパでシェア率No.1。世界でもっとも高品質の焙煎機ともいわれている。

ブロンド【blond】

コーヒー豆の新しいローストライン。浅めの焙煎のコーヒーをブレンドで試したもの。軽く酸味を感じる仕上がり。

ベイビーチーノ【baby chino】

お子様向けカプチーノ。もちろんエスプレッソは入っていなくて、コップにミルクとチョコパウダーがかかったもの。大人と同じ飲み物が飲みたい子供には嬉しい。

ペーパードリップ【paper drip】

ドリップ方法のひとつ。手軽でかつ後片づけが楽なため、広く行われている淹れ方。

ペーパーフィルター【paper filter】

コーヒーを濾すための紙でできたフィルターのこと。手入れが簡単なため、家庭でよく用いられている。漂白されたものと無漂白のものがあり、エコの観点からは無漂白のもの、紙臭さが気になる人は漂白されたものがお勧め。

耳を折る作業なにげにスキ

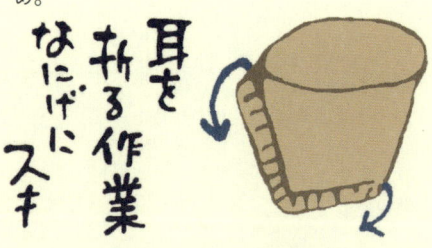

ヘーゼルナッツ【hazelnut】

セイヨウハシバミの実で、世界三大ナッツの1つであり、ドングリを丸く大きく太らせた形をした種実類。ビタミンE、オレイン酸、カルシウムなど各種栄養素を豊富に含み、生活習慣病の予防にも役立つとされている。欧米で人気のヌテラはヘーゼルナッツのペーストが主原料。コーヒーのフレーバーにもよく用いられる。

ベートーベン【Beethoven】

ドイツの作曲家で難聴を抱えながらも交響曲第9番をはじめ数々の名曲を残した。コーヒーへのこだわりが強く、1杯のコーヒーに使う豆の数を60粒と決め、数えて淹れていたそう（60粒は豆の大きさにもよるが10g前後になる）。

ベトナムコーヒー【Viet Nam coffee】

フランス式のステンレス製フィルター「カフェ・フィン」を使って淹れ、牛乳の代わりにコンデンスミルクを入れた甘いコーヒー。生卵を混ぜたベトナムエッグコーヒーやヨーグルトコーヒーなども。

ベトナム社会主義共和国
【Socialist Republic of Viet Nam】

アジアのインドシナ半島東部に位置する国で、女性を中心に料理や雑貨などが日本でも人気。世界2位の生産量・輸出量を誇るコーヒー産地であり、ロブスタ種が主流だったが、現在はアラビカ種も増えてきている。年中暑いためか、コーヒーの味は基本甘い。コーヒーを飲むのは主に南部の人で、北部の人はお茶が好きだとか。

ベネズエラ・ボリバル共和国
【Bolivarian Republic of Venezuela】

南アメリカ北部に位置する国。野球が盛んで、日本でも活躍したプロ野球選手・ラミレスの出身地でもある。ブラジル・コロンビアと隣接している有数のコーヒー産地だったが、近年石油への輸出転換にともない生産量は減少気味。ベネズエラの豆は繊細な味で他の国にはない特徴的な味わい。

ベリーボーラー【berry borer】

体長2mmほどの虫でコーヒーチェリーの内部に入って産卵し、幼虫が実を食い荒らす害虫。

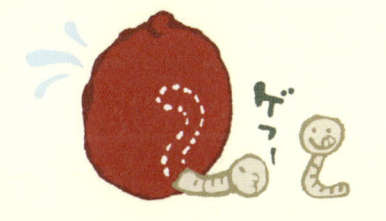

ポアオーバー【pour over】

「上から注ぐ」を意味し、ドリップ式の淹れ方を指す。

ボイア【boia】

樹上で赤く熟すコーヒーチェリーをそのまま真っ黒になるまで完熟させた豆のこと。豆に果実の糖分が浸透し、優れた香味や甘味、コクの成分になる。樹の上で完熟させるため、木への負担が非常に大きく積極的に生産する農家は多くないが、丁寧に作り精製されたボイアは高級赤ワインさながらのふくよかなボディが味わえる。

ポーションミルク【potion milk】

コーヒーフレッシュ（90P）のこと。

ポートランド【Portland】

アメリカのオレゴン州北西部にある都市で、サードウェーブ御三家の『スタンプタウンコーヒーロースターズ』が有名。環境に優しく、きちんとした食生活で健康に暮らせる街と知的労働者に最も人気のある都市として認知されている街。コーヒーの消費量も多く、出社前にひいきのバリスタのいるカフェでコーヒーを飲んでからオフィスに向かうなど、人々とカフェとの関係も密接。お金だけではない生活の質や心地よさの追求、エシカルな観点からも若者たちを中心に注目が集まっている。

ポーレックス【porlex】

鹿児島県霧島市でセラミック製品を作っているメーカーで、セラミック刃が組み込まれたポーレックスのコーヒーミルは金属臭がなく、粒度の調節もでき、分解掃除も可能で、持ち運びに便利な優れもの。

ボーンチャイナ【bone china】

イギリス発祥の陶器。一般の磁器に比べ素地が薄く美しい絵や繊細な模様が描かれており、高級感漂うものが多い。主なブランドはウエッジウッドやノリタケなど。その気品ある佇まいは、インスタントコーヒーなどそうそう入れられない雰囲気を漂わせている。

ほくおう【北欧】

ヨーロッパの北部にあるデンマーク・ノルウェー・スウェーデンのスカンジナビア諸国と、フィンランド・アイスランドを加えた5カ国のこと。インテリアや家具などのデザインを中心に日本でも人気で、雑誌などでも特集がよく組まれている。国別コーヒー消費量が総じて高い。

ぼす【BOSS】

サントリーの商品で、缶コーヒーといえばBOSSというくらい定番中の定番。パイプをくわえ目尻にしわが寄った男性のロゴが目印。その種類は豊富で、定番のブラックやレインボーマウンテン以外にも常時10種類以上は販売されている。ちなみに「宇宙人ジョーンズ」シリーズは2006年からの長寿CMである。

ほそびき【細挽き】

グラニュー糖くらいの粒で、サイフォンやペーパードリップに適した細かさ。

ボダム【bodum】

1944年デンマークでピーター・ボダムにより設立されたキッチンウェアブランド。フレンチプレスが有名で、現在までに製造した数は1億個以上ともいわれている。

ホット【hot】

①食べ物や飲み物の熱い状態のこと。②新しい話題のこと。③熱烈な様子。

ポット【pot】

陶器や金属でできた、壷など深さを持った容器のこと。日本では魔法瓶を指すことも。

ぽっぷけいじゅーす【ポップ系ジュース】

コーラやスプライトなど。NYなどでは肥満防止のために販売を禁止する案があるそう。

ポテトフレーバー【potato flavor】

生のジャガイモをかじったような味。ルワンダ、ブルンジといった東アフリカのコーヒーにたまに出る。空気中のバクテリアが原因で、熟したコーヒーチェリーをカメムシが刺したり、運搬中に熟したチェリーが重さで潰れたりすることでコーヒーに侵入する、といわれる。生産の段階で Antestia bugs というカメ虫の仲間の害虫がつくことにより起こるともいわれている。生豆の見た目でほぼ判断できないためかなり厄介。

ボトルコーヒー【bottle coffee】

ペットボトルに入れられたアイスコーヒーのこと。手軽にアイスカフェオレなども楽しめる。

ポリフェノール【polyphenol】

植物が光合成をする際に作られた色素などの成分。その種類は5000以上ともいわれており、主に老化防止やがん予防などに効果があるとされている。コーヒーに含まれるクロロゲン酸もポリフェノールの一種。

ポルタフィルター【portafilter】

エスプレッソを淹れる際に使う道具。

★抽出量によって
サイズが変わる。

ホワイトコーヒー【white coffee】

マレーシアの都市イポー発祥で、コーヒー豆
にマーガリンと砂糖を加え焙煎、豆の色が浅
いので「白コーヒー」と呼ばれた。サクサク
のカヤトーストと一緒に。現地ではコンデン
スミルクを加えるのが一般的。

温玉　　カヤトースト

朝ごはん
定番

ホワイトチョコレート
【white chocolate】

砂糖、ココアバター、乳固成分で作った菓子
で、チョコレートに比べ甘味が強く、カロリー
が高めなのが特徴。

ホワイトハニー【white honey】

ハニープロセスの中で最もミューシレージの
付き具合が少なく、ほぼウォッシュドプロセ
スのもの。

ほん【本】

本とコーヒー、紙やインクの香りとコーヒー
の香りは不思議としっくりくる。コーヒーを
片手に時間を忘れて物語に浸りたい。

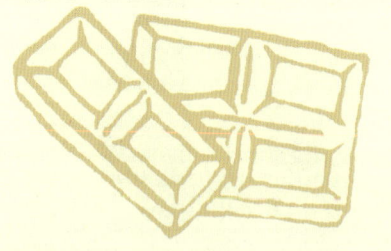

1　『ブラック・コーヒー』
アガサ・クリスティ・著／ハヤカワ文庫
エルキュールポアロの推理もの。偏屈な科学
者のエイモリー卿が食後のコーヒーの際、意
外な発言をする…。

2　『コーヒーと恋愛』
獅子文六・著／ちくま文庫
1962年に読売新聞で連載された長編小説。
お茶の間女優とその年下の夫とコーヒー愛好
家たちのドタバタ劇。

3　『芝生の復讐』
リチャードブローティガン・著／新潮文庫
『コーヒー』という短編が収録されており、
数ページと短いながらもコーヒーのもたらす
空気や世界観をふわりと感じさせてくれる。

4 『コーヒーの絵本』
庄野雄治・著、平澤まりこ・絵／ミルブックス
世界一優しいコーヒーの絵本。シンプルなイ
ラストですっとコーヒーの世界に入ってゆけ
る。

ほんや【本屋】

コーヒーと本の相性はバツグン。コーヒーを
飲みながら本を読める店も増えてきた。中で
も写真集や画集などを独自にチョイスして置
いているブックストアなどはコーヒーにもこ
だわりを持っている店が多く、ゆっくり訪れ
たい場所。

6次元

荻窪にあるカフェ。店主のナカムラさんの
チョイスした本は文学やデザインに特化して
おり、趣のあるカップに入れられたコーヒー
を飲みながら本に触れると文学少女になった
気分に。

東京都杉並区上荻 1-10-3 2F　☎ 03-3393-3539
www.6jigen.com

ほんじつのこーひー【本日のコーヒー】

お店がセレクトする日替わりコーヒーのこ
と。

ホンジュラス共和国
【República de Honduras】

中央アメリカ中部に位置し、温暖な気候で深
く豊かな森があり、良質な豆ができると近年
注目されている。透明感がありフルーティ、
バランスもよいのが特徴。

マーメイド【mermaid】

人魚、セイレーン（ギリシャ神話の生き物）の
こと。スターバックスのロゴである二股の
マーメイドは有名。当初スターバックスの
マーメイドは胸をあらわにしていたが、消費
者に指摘され、髪の毛で隠すように。由来は
ギリシャ神話で、マーメイドが海から不思議
な果実を持ってきたことからだそう。

マーリーコーヒー【Merley Coffee】

レゲエの神様、ボブ・マーリーの息子が手が
けるコーヒー店。オーガニック＆フェアト
レードなコーヒーのみを販売している。

マイカップ【my cup】

自宅や職場に置いてある自分専用のカップのこと。コーヒー以外にもティーパックの紅茶やカップスープ・みそ汁を入れたりいろいろ自由。持ち主の念が入りやすいのか、何となく本人以外の使用を躊躇させる。 エコの観点からも推進されており、持って行くと割引してくれるカフェもあり。

会社員 男 34歳

コピーライター 女 25歳

物語作家 男 35歳

ボートレーサー 男 34歳

フラダンサー 女 40歳

古物商 男 48歳

靴職人 女 32歳

お米農家 男 40歳

バンブールナ元店長 男 36歳

本屋 男 30歳

高校生 女 16歳

美容師 男 44歳

ペインター 男 25歳

アイデア編集長 男 40歳

中学生 女 12歳

陶芸家 男 70歳

元バリスタ 男 34歳

デザイナー 女 35歳

音楽家 男 32歳

造形作家 女 44歳

絵本作家 男 37歳

アートディレクター 男 38歳

カリスマ店員 女 38歳

マイクロコーヒードリッパー
【micro coffee dripper】

折り畳んで収納可能な1杯用のコーヒードリッパー。『ハット』という小型ドリッパーを改良したもので、マグカップに直接乗せてどこでも手軽にドリップコーヒーを飲める。

マイクロブリューコーヒー
【micro brew coffee】

1カップずつ丁寧に淹れるコーヒーのことで、サードウェーブ、マイクロロースターなどとも呼ばれている。

マイスター【meister】

ドイツ語でマスターを指し、巨匠・達人のことをいう。コーヒーマイスターはコーヒーの基本技術はもちろん、サービス、深い知識と全てを兼ね備えた認定資格をいう。日本には3000人以上のコーヒーマイスターの資格保持者がいる。

マイルド【mild】

まろやか、優しいなどの意味。

マウスフィール【mouthfeel】

液体を口に含んだときの質感のこと。ボディー。

マキアート【macchiato】

イタリア語で「染み」を意味し、表面にエスプレッソの茶色い染み模様が付いているもののことをいう。ラテ・マキアートorカフェ・マキアートはエスプレッソ1ショットに同量かそれ以下のフォームミルクを注いだ飲み物。

Photo : Daisuke Murayama

マキネッタ【macchinetta】

イタリア生まれの直火式エスプレッソメーカー。別名モカエクスプレスとも呼ばれる。サーバー、バスケット、ボイラーの3つに分解され、ボイラーに水、バスケットに粉を入れた状態で火にかけ、蒸気圧で水が押し上げられ粉に触れ、サーバーにコーヒーが溜まるしくみ。圧が足りないため、エスプレッソとは味は異なるが、見た目も愛らしく、イタリアの多くの家庭で活躍している。

マグカップ【mug】

取っ手つきの円筒形カップのこと。カジュアルでコーヒーカップよりもサイズが大きいので、仕事や勉強をする際の飲み物を入れるのに丁度よい。

まこちゃん【マコちゃん】

手塚治虫のキャラクターで、大阪の福田珈琲株式会社で20年以上前からマスコットキャラとして活躍。「珈琲は黒い魔女」というプロ向けブレンドのパッケージに描かれており、赤いマントに大きなカップ、2頭身が愛らしい。バブルの頃はマコちゃんをあしらったノベルティなどたくさん作られたそう。

マジックコーヒー【magic coffee】

タイ国保健省・食品薬剤管理局より認証を得た精力増強コーヒー。

マシュマロ【marshmallow】

砂糖と卵白ゼラチンなどで作ったふわふわした食感の菓子。フランスではギモーヴとも呼ばれている。暖かいコーヒーに入れて溶かしながら飲むととても美味しい。

マスター【master】

頭領、主人などを意味する。喫茶店の主人を「マスター」と呼ぶことも。桂文珍の落語に『ヘイ！マスター』というものがある。

マックスコーヒー【Max Coffee】

日本コカ・コーラ社から発売している缶コーヒーブランド。黄色のパッケージが印象的。練乳を100%使用しており、コーヒー飲料の中でもかなり甘い部類に入る。映画「木更津キャッツアイ」で話題になり、もともと千葉・茨城・栃木限定販売商品だったが2009年に全国販売に踏み切り、現在は再度ローカル回帰に向かっているようす。

まっちゃ【抹茶】

お茶の葉の一種で、茶の新芽を蒸して乾燥したものを粉状にしたもの。熱湯を加えて茶せんで混ぜて（点てて）飲む。苦味や渋味の少ない高級なものが濃茶、それ以外が薄茶となる。デザートなどに用いられることも多く、コーヒーショップでも取り扱っているところは多い。

まめ【豆】

豆科の植物の種子のこと。世界中で18000種類にもおよぶといわれる。火が通っていない状態で食べるとお腹を壊すものも多いので注意。ちなみにコーヒーはアカネ科の植物。マメ科ではない。

マメヒコ

渋谷・三軒茶屋にあるカフェ。札幌の喫茶店にコーヒーの焙煎を頼んでおり、鮮度のよいうちに使いきっている。コーヒーも美味しいが、好みの茶葉をチョイスして自分でお湯を足せるマグ茶もおススメ。トーストやスイーツはシンプルだけれどセンスがよい。北海道の畑で豆を作る『ハタケマメヒコ』や雑誌制作『エムヒコ』、映画・演劇製作『マメヒコピクチャーズ』など、カフェ以外の活動も意欲的。『紫陽花とバタークリーム』『さよならとマシュマロを』など映画のタイトルもステキ。

マラウイ【Republic of Malawi】

アフリカ南東部の内陸地、グレートリフトバレーにある国。国全体が標高900〜1000mに位置し、全長648kmあるマラウイ湖は標高450mにあり、コーヒーの栽培にも好条件、現時点で唯一ゲイシャ種を商業ベースに栽培しているのも魅力。

マラカス【maracas】

体鳴楽器の一種でウリ科の植物に穴をあけ乾燥させてその中に木の実や小石を入れて塞いだもの。中南米音楽には欠かせないリズム楽器。マンボやサルサなどスペイン語圏の音楽で使われる。中身にコーヒー豆を入れることも。

まらごじべしゅ【マラゴジペ種】

世界最大の巨大コーヒー豆。淡白な味と独特なコクを備えたジャイアントビーンズ。

どすこい！
木も大きい！

マリファナコーヒー【marijuana coffee】

大麻合法化で揺れる米国。ワシントン州で発売されることになり話題に。商品名は「Legal（合法）」で大麻の実効成分であるTHCを含有するカンナビスと共に抽出した水出しコーヒー。大麻初心者でも安心して飲めるよう、THC含有量は抑えてあるとか。ブラックと砂糖＆ミルク入りの2種類から選べて、飲むと強烈な興奮と心地よい開放感に包まれるらしい…。

マルチング【mulching】

土の温度の安定や、害虫・雑草の発生を抑えたり乾燥などを防ぐため、土壌の表面をビニールなどで覆うこと。コーヒーの生育にも欠かせない作業で、ビニールだけでなくバナナの葉や藁などを敷くことも。

マンデリン【mandheling】

インドネシア・スマトラ島で栽培されているアラビカ種。一時さび病で多くのアラビカ種が被害を受けたが、残ったアラビカ種をもとにマンデリン族が栽培した。酸味は少なく、深いコクとスパイシーで個性的な味わいが特徴。深煎りでローストされることが多い。

大粒人気高し

マンハッタンラブストーリー
【Manhattan Love Story】

2003年に放送されたTBSの連続ドラマで、脚本・宮藤官九郎、プロデュース・磯山晶、主演・松岡昌宏。テレビ局近くの純喫茶マンハッタンを舞台にしたラブ？コメディー。店長（マスターと呼ばれたい）は黙ってコーヒーを淹れながらも常に客の会話に耳を傾け、心の中で時に怒り、時に心配し、時にウェハースを買いに行くふりをして説得を試みる熱い男。説得の際はコーヒーに例えて話し、「私の人生と経験と魂を込めて言わせてもらう」が決め台詞。

ミカド珈琲（こーひー）

1948年東京・日本橋に創業のコーヒーロースター。1952年に軽井沢旧道に直営の喫茶店『ミカドコーヒー』を開店、当時は夏期のみの営業だったが1995年には通年営業となった。『ミカドコーヒー』では当時高価だったコーヒーを立ち飲み方式にすることによって、多くの人がコーヒーを飲めるようになった。立ち飲み方式は、現在日本橋店でのみ行っている。当時の軽井沢店には多くの著名人もしばしば訪れたそう。コーヒー以外にもモカソフトやコーヒーゼリー、チーズケーキなど人気。

ミクソロジー【mixology】

mix（混ぜる）とlogy（学問）を掛け合わせた造語。ミクソロジーカクテルは従来のカクテルよりも果実や野菜、ハーブ、スパイスなどの自然の素材を生かし、複雑な味わいを作り上げるため、近年人気が高まっている。

みず【水】

無色透明な液体で、人が生きるために必要な物質。人の体のおよそ60%が水分といわれている。コーヒーも99%が水分なので水は重要。必ずしもミネラルウォーターで作れば美味しいコーヒーになるとは言えないが、ミネラル分が多すぎると苦味が強くなるため、一般的に軟水だとマイルドな味、硬水だと苦味が目立つといわれている。

ミスタードーナツ【Mister Donut】

1955年にマサチューセッツ州で創業されたドーナツブランド。ホットコーヒーだけでなくホットカフェオレもお代わり自由なのが嬉しい。オリジナルローストコーヒーはドーナツに合う理想の味を追求、酸味や甘み、後に残る苦味がドーナツと美味しく溶け合う。

いくらでもたべれそう…

ミスティバレー【Misty Valley】

エチオピア、イルガチェフェのイディド地区で生産されている、ブルーベリーや赤ワインのようなフレーバーと、豊かでありながらクリーンなナチュラルコーヒー。ミスティバレー（霧の谷）と名づけられ、アメリカのスペシャルティコーヒーのマーケットで高い評価を得ている。

ミディアムロースト【medium roast】

中煎りで色は栗色。酸味とかすかな濁り感がある。

ミル【mill】

コーヒー豆を粉砕する器具で、主に家庭用のものを指す。手動式・電動式、刃の種類も幾つかあり、ミルによっても味が変わってくるため、好みのものを使いたい。業務用はグラインダー（83P）と呼ばれることが多い。

かわいいアンティークタイプ

ミルク【milk】

主に牛乳を指す言葉。カルシウムやタンパク質などが含まれ、栄養価が高い。コーヒーと合わせるとマイルドになり、子供やコーヒーが苦手な人でもコーヒーの風味を楽しめることも。

ミルクジャグ【milk jug】

ミルクの温度がわかりやすいようにステンレスでできている。慣れた人はジャグの温かさでフォームミルクに最適な温度を計れるとか。

ミルクフローサー【milk frother】

温めたミルクを撹拌し、フォームミルクを作る道具。

ミューシレージ【mucilage】

別名ムシラージ。ウォッシュトで精製する際、パーチメントに付く粘液質のぬめりのこと。

ムーミン【Moomin】

世界一のコーヒー消費国フィンランドが誇るキャラクター。フィンランドで最も愛されているヘルシンキのコーヒーブランド『ロバーツコーヒー』ではムーミンパッケージも作られている。ロバーツコーヒーは商品一つひとつにテーマがあり『お腹にやさしいコーヒー』や『ブルーベリーコーヒー』などの個性的な商品も。

村上 隆
<ruby>村<rt>むら</rt>上<rt>かみ</rt> 隆<rt>たかし</rt></ruby>

日本の現代芸術家。大のコーヒー好きで、酒とタバコを止めた際にコーヒー熱は加速。中野にアートとコーヒーを楽しめるカフェ＆バー『Zingaro』をプロデュース。アートもコーヒーと同じくらい日常に近づいてほしいと考えているよう。

むんど・のーぼしゅ【ムンド・ノーボ種】

ブルボン種とスマトラ種の自然交配で生まれたアラビカ種の一種で、現在ブラジルを代表するコーヒー豆の品種の1つ。生産性が高く、病害虫にも強いのが特徴。

メイソンジャー【Mason Jar】

ネジ蓋がある保存用のガラス瓶のこと。コップより安くて丈夫なのでアメリカ西海岸を中心にコーヒーや飲み物を入れるカフェが増えてきた。

めいどきっさ【メイド喫茶】

メイドの衣装を着たウエイトレスがサーブしてくれる喫茶店で、2005年頃サブカルブームで注目を浴びた。衣装や世界観などのイメージからか、コーヒーより紅茶に力を入れているところが多いようだ。

メインストリーム【mainstream】

コマーシャルコーヒー、コモディティコーヒー、通常流通品と同義。日本で通常飲んでいるコーヒーは多くが該当する、いわば普通のコーヒー。先物市場で取引対象となっているコーヒーで、各国、各農園から1ヵ所に豆を集めて、そこからグレード分けし、販売されたもの。これとは別に農園から直接買い付けたり、オークションで取引するなどの、スペシャルティコーヒーに代表されるような、先物市場を経由しないコーヒーもある。

メキシカンコーヒー【Mexican coffee】

ブランデーとコーヒーリキュールを使ったカクテルで、大胆にフランベするのが特徴。

フレТム

メキシコ合衆国【United Mexican States】

北アメリカ南部に位置する国で、プロレス、テキーラ、サボテンなどが有名。スペインの植民地時代にコーヒーの栽培が盛んになった。高地の多い、栽培に適した環境のため良質な豆が生産され、大半はアメリカへ輸出されている。南のベラクルス、オアハカ、チアパスで主に栽培しており、早い段階で有機栽培に取り組み、生産量も世界で5位を誇る。2012年よりCOEを開始。品質の高いコーヒーを作る生産者も増えており、今後が楽しみな生産国。

メジャーカップ【measure cup】

計量カップのこと。ミルクや水の量を量るのに使用。

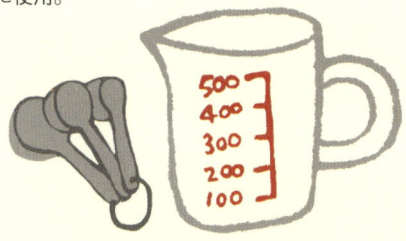

メジャースプーン【measure spoon】

計量スプーンのこと。一般的に販売されているコーヒーメジャースプーンは1杯約10gの場合が多い。

メッシュ【mesh】

粉の粒度。大まかに言うとエスプレッソ用の極細、細、中粗、中、粗挽きの5種類。細かいと苦味が早く出やすくなる。

極細挽き（上白糖くらい）
エスプレッソ、トルココーヒー
中挽き（グラニュー糖〜ザラメの間くらい）
ドリップ、サイフォン
粗挽き（ザラメ大くらい）
フレンチプレス、パーコレーター

メリタ【Melitta】

ドイツのメリタ・ベンツ夫人が考案した世界初のペーパードリップ。最愛の夫に美味しいコーヒーを飲ませたい一心で発明、夫婦の愛がコーヒーの歴史を大きく進歩させた一品。

最初の発明品は真鍮の容器の底に穴を沢山空け、円形の紙を敷くタイプ

現在は

台形1ツ穴

メリット【merit】

コーヒーが健康にもたらすメリットはいろいろ。1→長生き、2→病気予防、3→物忘れを防ぐ、4→脳卒中になりにくい、5→ダイエット効果、6→自殺予防…etc。

メルボルン【Melbourne】

オーストラリアの第2都市で住みやすい都市ランキング上位をキープ。オーストラリアはカフェの数が多いが、その中でも首都シドニーに次いでカフェ文化が盛ん。コーヒーエキスポなどコーヒー関連のイベントも多数行われている。

モーニングコーヒー【morning coffee】

①朝ぼんやりとした頭をすっきり目覚めさせるためにコーヒーを飲むこと。コーヒーには2時間ほど血流を良くする効果があり、朝が苦手な低血圧の人にはありがたい飲み物。②モーニング娘。のデビュー曲。

モカ【Mocha】

イエメン共和国の港町で紅海に面している。15世紀から17世紀にかけてコーヒー豆の積出港として栄えた。コーヒーの原産地はエチオピアだが世界に広めたのはアラビアの商人たちで、モカはコーヒー発祥の地とされている。アジアや中南米でコーヒー栽培が始まる以前、ヨーロッパでは代名詞的な存在であったため、「モカ＝コーヒー」という意味で使用されることがよくあった。コーヒー風味のケーキやお菓子などに「モカ」とつくのはその名残といわれている。

モカ・マタリ【Mocha Mattari】

イエメン産のコーヒー豆。さわやかな香りと強い酸味が特徴で日本でも人気が高い。比較的高価な豆はストレートで飲まれるが、欠点豆も多く混入しているので焙煎時に入念なハンドピックが必要とされている。名前は似ているがモカとは味が全く異なる。時折金色の豆が入っていてその豆は「ゴールデンマタリ」とも呼ばれている。

『1杯のコーヒーから伝える物語』

鈴木 樹

鈴木 樹（すずき みき）

神奈川県出身
好きな食べ物…マンゴスチン
嫌いな食べ物…ハバネロ
趣味…煮込み料理

この、華奢な体のどこから世界大会へ向かう力が出ているのだろう。ここ数年、バリスタチャンピオンシップで常に好成績を残している鈴木樹さんの印象はふんわりと柔らかく、声が耳に心地よい。「20代前半頃まではコーヒーは苦くて苦手だったんです」そう言う鈴木さんは最初はお菓子屋さんを目指していたという。お菓子作りを通し、自然とコーヒーやお茶に興味が行くようになり、当時はまだ珍しかったシアトルから来たコーヒー屋のラテアートに感動、コーヒーの世界に飛び込むことに。いくつかのカフェで勤務し、どんどん美味しいコーヒーを求めるようになったとき、元上司の阪本義晴さんから丸山珈琲長野店のバリスタに誘われ、長野行きを決意。丸山珈琲で先輩方のコーヒーにかける情熱、大会で活躍することで世の中に広く良いコーヒーを伝えようと闘う背中を見て、「私もやらねば」と決意する。最初に出場した2009年は9位、惜しくもファイナリストに残れなかった。「とても悔しくて、なぜ届かなかったか1年かけて基本作業を見直したんです」実力者揃いの丸山珈琲では順位が下がると別の人に大会に出る権利を譲らねばならない。次が最後かも、と思い一番好きな豆を誰よりも美味しく淹れようとプレゼンテーションした結果見事優勝、日本代表に。その際競技は孤独だけれども先輩方のサポートに助けられたことで、「これはチームの闘いなのだ」と感じたという。「大会に出るたびに〝自分はコーヒーのことを何も知らない〟と思う。わかった気になっていない、それが自分にとってとても大切」現在は丸山珈琲の店舗だけではなく、地域のディレクション業務に関わる鈴木さん。生産地で言葉や生活習慣、何もかも違う人たちと共通認識を持つことの大変さも感じるそう。「美味しいものを作るためには大変な労力がかかっているので、きちんとお客様に伝えられるようになりたい。バリスタは昼夜逆転になることはないし、女性でも働きやすい仕事。情熱をかければ何かしら返ってくる、やりがいのあることだと思います」1杯のコーヒーをベストな状態で提供する。クリーンできらきらとした彼女のコーヒーからは未来へ向かうたくさんの物語が溢れるようだ。

ワールドバリスタチャンピオンシップでの1コマ。

丸山珈琲　http://www.maruyamacoffee.com

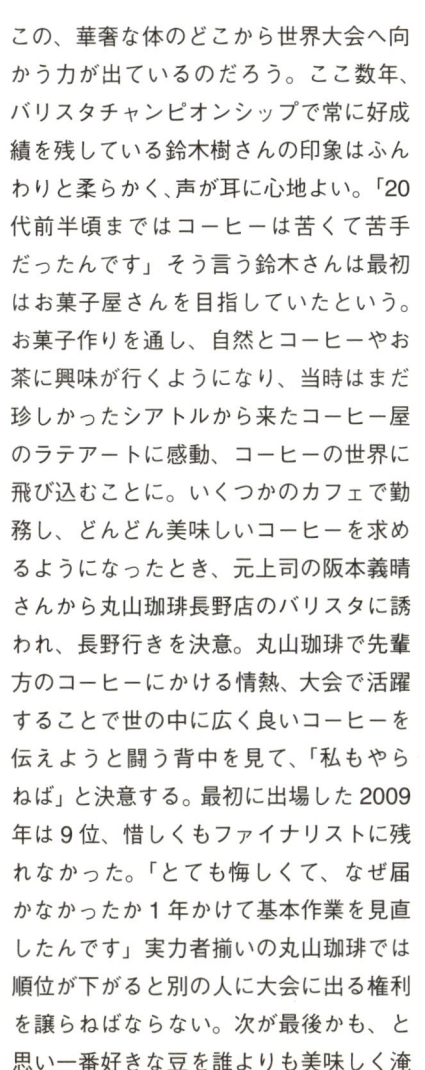

モカ・ハラー【Mocha Harrar】

エチオピア、ハラー地区産のアラビカコーヒー豆のこと。フルーティな酸味とスパイシーな香りが特徴。

モトヤエクスプレス【Motoya Express】

黄色いバンでコーヒーを販売しているコーヒー屋台。ケータリングやイベントなどでも利用され、ハリウッド映画『BABEL』のロケ現場で役者やスタッフにコーヒーを提供した。コーヒーは主にナチュラルの豆を使用していて、手作りのオーガニックスイーツなども販売している。甘い飲み物が好きな人には『おしるこ十番』もおススメ。

モノカルチャー【mono culture】

単一の農産物のみを生産すること。古くは植民地などで合理的に農作物を生産するために始まり、コーヒー豆も代表的な作物の1つ。環境問題や貧富の差などの問題も指摘されている。

モンキーコーヒー【monkey coffee】

アフリカ伝説のコーヒーで、コピルアック（93P）のようにお猿のふんから摘出されたコーヒーのこと。ゾウやタヌキのふんから集めた豆もあり、どれも高級品だとか。

モンスーンコーヒー【monsoon coffee】

生豆がモンスーン（季節風）にさらされ、水分を吸収し膨張したもの。もともと航海中に湿気で豆が緑から金色になったものを焙煎した際、独特の香りの豆になったことが始まり。その後航海日数が減ったため姿を消したが、独特の香りを好む人も多く、意図的にモンスーンにさらして作られるようになった。

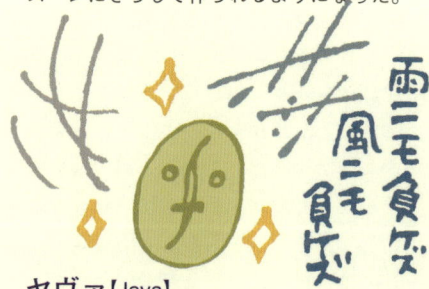

ヤヴァ【Java】

北欧を代表するカフェの1つで、WBC 2000年度優勝者のロバート・トーレセン氏の店舗。姉妹店に『モカ』やロースターとチョコレートの店『カッファ』がある。

やぎ【山羊】

コーヒーの第一発見者？エチオピアの山羊飼い・カルディの飼っていた山羊が、牧草地でコーヒーの赤い実を食べた際に興奮して夜寝付けなくなったことに気付き、相談した僧侶と共に飲んでみると気分がよくなったことから、修行の眠気覚ましとして使われはじめたそう。

やま【山】

コーヒーは高地や山地で栽培されるため、豆の名前に山岳名がつくものも多い。

エメラルドマウンテン
（コロンビア）

アンデス山脈1600～2000m地域で栽培。コロンビアの豆ではトップグレードを誇り、柔らかな苦味とミルクチョコレートのような甘みが特徴。

キリマンジャロ
（タンザニア）

キリマンジャロ山の1500～2500m付近で栽培。酸味と甘みのバランスがよい豆。

キリニャガ
（ケニア）

ケニア山の現地名。2000m付近で栽培され、甘い酸味と柑橘系のフレーバーが特徴。

コーラルマウンテン
（コスタリカ）

標高1500m以上のものを厳選。マイルドで芳醇な香りが特徴。

ガヨマウンテン
（インドネシア）

標高1350～1500mのガヨ高原で栽培。有機栽培で作られており、すっきりとして調和のとれた味。

マウントハーゲン
（パプアニューギニア）

ジャマイカからブルーマウンテンの苗木が持ち込まれ栽培が始まる。気候風土の違いから味は異なるが、ドイツで高評価。

クリスタルマウンテン
（キューバ）

クリスタルマウンテンの標高1000m前後で栽培。クリーンな酸味と甘みが特徴。

ブルーマウンテン
（ジャマイカ）

ブルーマウンテン山脈800～1200m地域で栽培。香り高く繊細な味わい。

ゆーしーしー【UCC】

コーヒーを中心とした食品メーカーで兵庫県に本社がある。UCCは『Ueshima Coffee Co.,Ltd』の略称。世界各地に直営農園を持ち、レギュラーコーヒーはもちろん、世界最初のミルク入り缶コーヒーはパッケージもほぼ昔と変わらず、定番中の定番。2013年にはCOE優勝豆をことごとく落札、業界に衝撃が走った。都内に展開する上島珈琲はUCCの子会社でもある。

Brown (coffee)

White (flower)

Red (cherry)

UCCコーヒー博物館

神戸市にあるコーヒー専門博物館。コーヒーの歴史や文化、淹れ方などを様々な展示によって紹介している。世界の珍しいコーヒーメニューや、各国のスペシャルティコーヒーを好みの淹れ方で飲める喫茶室、各種イベントなども行われていて、大人から子供まで楽しめる。建物はモスクをイメージしたモダンなデザイン。

モスク形

45年間ほとんど姿を変えていない「UCCミルクコーヒー」初代缶（1969年発売）。

建物の特徴を生かした構造。
ゆるやかなスロープを降りることで、
1から6の展示室を順序よく
見学することができる。

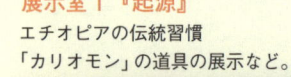

展示室1『起源』

エチオピアの伝統習慣
「カリオモン」の道具の展示など。

展示室2『栽培』

コーヒーの木が栽培され、
生豆になるまでの過程を
見ることができる。

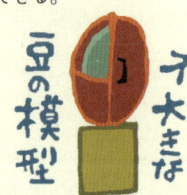

大きな
豆の模型

貴重なブルボンポワントウ

喫茶室『コーヒーロード』

喫茶室「コーヒーロード」では、
数十種類のスペシャルティコーヒーを
ペーパードリップ、サイフォン、カフェプレスの
好きな抽出方法で淹れてもらうことができる。
また、各国の珍しいメニューも約20種と豊富。

体験コーナー

月替わりで2種類のコーヒーの
飲み比べができる
テイスティングコーナーや、
焙煎体験イベントも
常時開催されている。

麻のブックカバー

おみ比べ！

ミュージアムショップ

ミュージアムショップでは、
オリジナルグッズがたくさん。
コーヒー豆やお菓子だけでなく
小さなコーヒーの木なども
販売している。

展示室6『文化』

コーヒーのモチーフの
音楽や切手の紹介、
珍しいカップの展示など。

どれもキレて…

展示室4『焙煎』

焙煎やブレンドなどを紹介。

展示室3『鑑定』

ブラジルのコーヒー鑑定を中心
に、コーヒーが消費国に運ばれ
るまでがわかる。

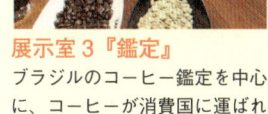

POLSKA 1000

ベドウィンポット

展示室5『抽出』

コーヒーの様々な淹れ方の紹介や
昔使われていた様々な
抽出器具の展示が面白い。

フィルター代わりに草を詰める

クイズに答えて、
顔写真入りの
入館証ももらえる。

オマケ

★ほかにもUCCの歴史やコーヒーと健康、
　クイズコーナーなど盛りだくさん。1日じっくり楽しめる。

ゆーふぉー【UFO】

未確認飛行物体のこと。空飛ぶ円盤はコーヒーの受け皿である「ソーサー」から来ている。

ゆし【油脂】

アラビカ種に20%、カネフォラ種に10%ほど含まれており、焙煎すると浮き出てくる。新鮮な豆の油脂はコクや旨味がある。ペーパードリップなどでは紙に吸われてしまい楽しみづらいが、金属フィルターのドリップやフレンチプレスなどで淹れたコーヒーには香り高く旨味の詰まった油分が表面に浮かぶ。

ゆでたまご【ゆで卵】

卵をボイルした食べ物。名古屋のモーニングでコーヒーを頼むと出てくる。ゆでて6分で半熟、12分で固ゆで、10分で黄身だけ少しねっとりした状態に。コーヒーと食べるなら断然固ゆで。

ユニフォーミティ【uniformity】

同一性、均一性。カッピングをする際、評価対象となるコーヒーのフレーバーが一貫しているかどうかを意味する。

よいこーひー【良いコーヒー】

フランスの政治家タレーラン・ペリゴール曰く「悪魔のように黒く、地獄のように熱く、天使のように純粋で、愛のように甘い」らしい。

よーどふぉるむしゅう【ヨードフォルム臭】

ツンとした酸のような臭いで、ブラジルのリオ・デ・ジャネイロ周辺の土壌に含まれ、リオ臭とも呼ぶ。カップテストの際にこの臭いがしないかどうかチェックする。

ヨーロッパスペシャルティコーヒー協会【The Speciality Coffee Association of Europe】

バリスタになるための3段階のレベルからなる技能認定試験を行っている。試験内容は筆記、口頭、実演があり、実務経験も求められる。

横山千尋

日本人で初めてイタリア・バリスタ協会からバリスタとして認定された。ジェラート職人でもある。

よっぱらい【酔っぱらい】

人はコーヒーを飲んでも基本的によっぱらうことはないが、蜘蛛はコーヒーを飲むとよっぱらってデタラメな蜘蛛の巣を張るらしい。

ゆ
ゆーふぉー

ライオネスコーヒーキャンディー

ライオン菓子株式会社で製造販売されるコーヒー味のキャンディー。1964年に発売され、変わらぬ味で大人から子供まで愛され続けている。レトロで可愛いパッケージも発売時から変わらず。

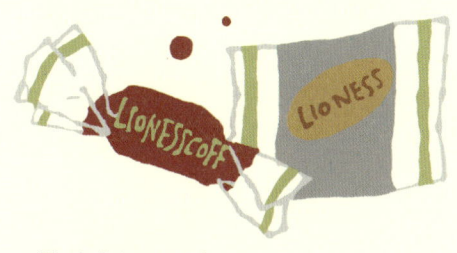

ライオンコーヒー

ハワイで人気の老舗コーヒーで、150年の歴史を持つ。もともとオハイオ州で設立されたが、1979年にホノルルに移転。ライオンのイラストが目立つパッケージとともに広く愛されている。日本ではバニラキャラメルやバニラマカダミアなどのフレーバーコーヒーが人気だが、レギュラーコーヒーやコナコーヒーも販売されている。

ライトロースト【light roast】

ローストの中で最も浅い。現在はほとんど流通していない。

ラヴァッツァ【Lavazza】

イタリアでシェア率No.1のコーヒーブランド。100年以上の歴史を持ち、熱風による長時間焙煎で生み出されたコーヒー豆により、本物のイタリアンエスプレッソの味わいになるという。

ラテ【latte】

イタリア語でミルクを意味する。

ラテアート【latte art】

エスプレッソにミルクを注ぐ過程で道具を使わずにハートやリーフ（葉）の模様を描くこと。注ぐ速さや注ぎ方によって模様が変化するため、美しいラテアートのためには高い技術が求められる。カプチーノの表面にソースやピックを使って絵を描くデザインカプチーノ（123P）とは区別される。

Photo : Daisuke Murayama

らぶどり【ラブドリ】

誰かのために心を込めてレギュラーコーヒーを淹れる行為。ラブドリップの略。

ラボ【labo】

実験室のこと。客席でも焙煎室でもないスペースをラボとして設けるショップも。

ラ・マルゾッコ【La marzocco】

1927年にジュゼッペ・バンビ氏とブルーノ・バンビ氏によって設立されたエスプレッソマシンメーカー。スチームとボイラーを切り離したダブルボイラーシステムにより、世界中で人気。WBCの公式マシンにも認定されていた。

ランチ【lunch】

昼食のこと。コーヒーはランチのセットドリンクとしても定番。午後の仕事の前の眠気覚ましにも。

リーファコンテナ【reefer container】

冷蔵コンテナのこと。ドライコンテナ（126P）に比べて輸送中のダメージが少なく、現地で積み込んだときと近い状態の生豆が維持される。

りおしゅう【リオ臭】

ヨードフォルム臭（186P）のこと。

リキッドコーヒー【liquid coffee】

パックやペットボトルなどに入った、注げばすぐ飲むことができるコーヒーのこと。

リキュール【liqueur】

蒸留酒に果物やハーブなどの香りを移し、砂糖などで甘味を加えたもの。コーヒーを使ったリキュールはカルーア（75P）やティアマリア（121P）などがある。

リザーブ【RESERVE】

スターバックスの高級店。スターバックスが緑を基調としているのに対し、黒を基調とした店内で高級感を出している。

リストレット【ristretto】

イタリア語で「凝縮した」「短い」を意味し、エスプレッソと同量の豆を少なめの湯で抽出した、濃い味のコーヒーのこと。エスプレッソの最初の抽出部分のみを使用するため甘味が強くなる。

約15mlくらい（エスプレッソの半分）という量です。

リチュアル・コーヒー・ロースターズ【Ritual Coffee Roasters】

2005年に創業したサンフランシスコのサードウェーブを代表するコーヒーショップの1つ。赤地に白い星がトレードマーク。ドリップに使用する豆を選ぶことができ、またエスプレッソにも力を入れている。

りべりかしゅ【リベリカ種】

コーヒー三大原種の1つで、病気に弱く、またアラビカ種よりも味が劣るため、あまり生産されていない。

りゅうぜんこう【龍涎香】

コーヒーの香り付けで用いられる高価な香料。マッコウクジラの腸内で自然精製された結石が原料で、石けんのような香りは楊貴妃も魅了したとか。「アラジンと魔法のランプ」にもランプの精に助けられ、お姫様と結婚したアラジンが竜涎香入りのコーヒーを飲むシーンがある。

リラックス【relax】

緊張が緩んだ状態のこと。コーヒーの香りには人々がほっとする、リラックス効果が高いとされている。

ルクセンブルク大公国【Grand Duchy of Luxembourg】

西ヨーロッパの国で、税負担が低く、また経済格差も小さい。低い税率のため、近隣諸国からコーヒーを買いに来る人が多く、一人あたりのコーヒー消費量は世界一とされている。

フランスト
ベルギー人
ドイツ人
買い物 あるならルクセンブルク!!

ルソー【Rousseau】

フランスの思想家・文学者。辞世の句で「ああ、これでコーヒーカップを手にすることができなくなった」と詠むほどのコーヒーラバー。

天国は飲みほうだいだったり？

ル・ネ・デュ・カフェ【Le Nez du Café】

ワインのソムリエのように、バリスタがコーヒーのアロマを嗅ぎ分ける能力を身につけるための教材。36のアロマキットに野菜やスパイス、動植物、花、果実、ローストなどの香りが含まれている。SCAA推薦教材でイラスト付きの解説書で楽しみながら学べるようだ。

ルノアール【Renoir】

日本の喫茶チェーン店。ゆったりとした店舗設計で、コーヒーは少々高めの設定になっているが、飲み終わった後にお茶を出してくれるのがうれしい。元は煎餅屋が始まりとか。

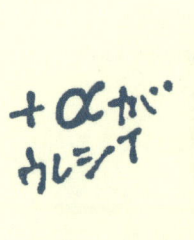

ルワンダ共和国【Republic of Rwanda】

アフリカの中部に位置する小さな国。内戦により疲弊していたが、最近になって復興のきざしが見えてきた。広い範囲でコーヒーの生産が行われており、標高が高く寒暖の差があり、年間を通じて涼しく、コーヒーの栽培に適している。農薬や有機肥料を使用しない自然栽培が主流で、2001年からスペシャルティコーヒーへの移行をはじめ、品質が飛躍的に向上、2008年にはアフリカで初のCOE開催国に。

ルンゴ【lungo】

通常のエスプレッソより多めのお湯で抽出したエスプレッソのこと。淹れ方はエスプレッソと変わらないが時間が少しかかる。

れいこー【レイコー】

関西地方（主に大阪）でのアイスコーヒーの呼び方。「コールド」という言い方もある。最近では死語になりつつあるそう。

レインフォレストアライアンス【Rainforest Alliance】

1987年地球環境保全のために、熱帯雨林を維持することを目的として設立された非営利環境保護団体のこと。アメリカのニューヨークに本部がある。

レインボーマウンテン【rainbow mountain】

サントリーより2004年から発売された缶コーヒーBOSSの定番商品。レインボーマウンテンはグアテマラコーヒー全国協会が唯一認証している豆で、余韻のある香りと深いコクを持つ。

レオンハルト・ラウヴォルフ【Leonhard Rauwolf】

コーヒーを初めて書物に記したドイツ人。内科医であり植物学者だった彼が、東方諸国を巡る旅の帰国後記した「旅行記」に、シリアの町の風俗に関する文章がありそれが最も古いとされている。「インキのように黒く、主に胃の疾病に効能あり」と書かれていたそう。

レギュラーコーヒー【regular coffee】

豆から淹れるコーヒーのこと。インスタントに対して使用される。

レスティング【resting】

乾燥したてのパーチメントを脱穀前に休息させる行為。一般的には8週間程度休息させて水分値を安定させる。レスティングの期間が短いと輸入後の生豆の鮮度に影響をおよぼしてしまう。

レッドアイ【Red Eye】

アメリカ東海岸でポピュラーなエスプレッソとドリップを合わせたもの。LAで仕事をしてその日のうちにNYに帰り、徹夜で仕事をするハードワーカーのためのカフェイン過多コーヒー。

レッドハニー【red honey】

ハニーコーヒー（140P）の一種で、ミューシレージを70〜50％残した状態で乾燥させたもの。

れんあい【恋愛】

一杯のコーヒーから恋の花咲くこともある（トルコ）。それにしてもコーヒーを一緒に飲んだことのないカップルなんて、いるのだろうか？

ろうと【漏斗】

サイフォンの部品の1つで、フィルターとコーヒー粉を入れる円筒型のガラス器具のこと。下の円形の部分はフラスコと呼ばれる。

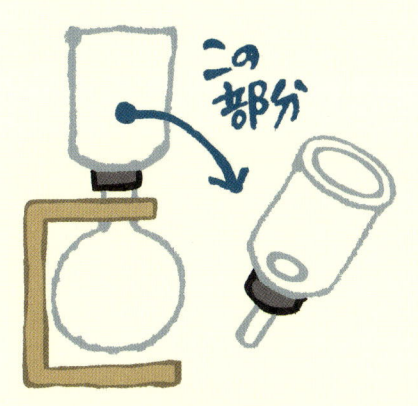

ロースター【roaster】

①ローストする機械のこと。②生豆の状態で仕入れ、焙煎して販売する業者のこと。

ロースタリーカフェ【roastery cafe】

自家焙煎しているカフェ

ロースト【roast】

炙り焼き・焙煎（136P）を意味する。ローストの度合いは8段階、浅煎りの「ライトロースト」から黒に近い色合いの「イタリアンロースト」まで。豆の個性に合ったローストをすることで、美味しさを最大限に引き出すことができる。

ローリングスマートロースター
[rolling smart roaster]

アメリカ、ローリング社製の最新システムを搭載した次世代型焙煎機。熱風式で、バーナーは廃棄処理にも使用されるため熱効率が高く燃料費の節約になり、CO_2排出量も抑えられる。熱風式はこれまで効率に目が向けられていたため巨大な焙煎機しかなく、大規模焙煎工場で使われていたが、スマートロースターは自家焙煎店で使えるショップロースターである。スペシャルティコーヒーの風味を生かせることから、近年日本でも導入するロースターが増えている。

ロシアンコーヒー【Russian coffee】

コーヒーに卵黄とウォッカを入れた飲み物。寒いロシアで体を芯まであたためて、栄養価も高いので風邪気味の時にもよいとされている。

ロット【lot】

生豆を含むコーヒー豆の卸で使用される単位で、その単位に一貫性はなく、流通側の管理のために決めていることが多い。

ロバート・トーレセン
[Robert Thoresen]

初代世界一バリスタ。「ヤヴァ（182P）」「モカ」という2つのカフェと焙煎部門「カッファ」を立ちあげた北欧コーヒー界の顔役。

ろぶすたしゅ【ロブスタ種】

カネフォラ種の一種で認知度が高いため、カネフォラ種＝ロブスタ種と思われがち。病気や虫などに強いことから（robusta＝強い）呼ばれることになった。

ロングブラック【long black】

湯にエスプレッソを加えた飲み物。アメリカーノがエスプレッソワンショットなのに対し、エスプレッソをダブルで加えている。また、湯を先にカップに入れることで、クレマを楽しむこともできる。通常のコーヒーとエスプレッソの中間ほどの濃さ。

ロングベリー【long berry】

種子の形が細長いものを指す。一般的にブルボン種よりティピカ種のほうが細長い。代表的な品種にパナマのゲイシャ種がある。

ろんどんとりひきじょ【ロンドン取引所】

先物取り引きを行う場所の1つで、2大取引所の1つ。主にロブスタ種を主要取り引きしている。

ワークショップ【workshop】

体験型講座のこと。コーヒー関連のワークショップも増えており、各種淹れ方や抽出器具の違いによる味の差、カッピング方法など多種多様な内容をコーヒーに従事している人から直接習うことができる。

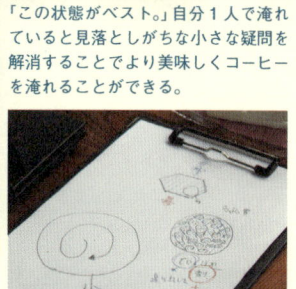

「この状態がベスト。」自分1人で淹れていると見落としがちな小さな疑問を解消することでより美味しくコーヒーを淹れることができる。

THE COFFEESHOP でのハンドドリップのワークショップの一コマ。プロからのちょっとしたアドバイスでどんどん美味しくなっていくのがわかる。家で淹れるのがより楽しくなりそう。

時には図式で。目には見えないけれど化学変化を意識することで、味に違いが出てくる…？

ワールドバリスタ・チャンピオンシップ【The World Barista Championship】

世界50カ国以上の国内大会の優勝者が参加するバリスタの世界大会のこと。15分の持ち時間の間にエスプレッソ4杯、カプチーノ4杯、シグネチャービバレッジ4杯を審査員に英語でプレゼンテーションしながら提供する。2014年の大会では丸山珈琲の井崎バリスタが日本人初のチャンピオンに。（WBC）

お祭りのようなふんいきだとか

色々な国のチャンピオンたち！

ワイファイ【WiFi】

無線でインターネットに接続する技術のこと。無線LAN。多くのコーヒーショップで導入されているため、国内外でパソコンなどのネットワークを使いたいときに重宝する。

ワイニー【winey】

①ナチュラル（129P）やドライオンツリー（125P）で作られたコーヒーにつけられることがある名称。例）ワイニーナチュラル、○○（農園名）ワイニー②官能表現の一種で「ワインのような」風味のこと。

ワイン【wine】

主に葡萄などの果実を発酵させたアルコール飲料のこと。過去、コーヒー＝ワインと定義されていたこともある。テイスティング表現などコーヒーとワインの世界は共通点があり、コーヒーをより深く知るためにワインを勉強する人も。

白ワイン
白葡萄から作られる。基本は甘口だが最近は辛口も人気。バランスのよいシャルドネは人気が高い。

スパークリングワイン
白ワインを発酵させ、炭酸ガスを発生させたもの。シャンパンなど。

赤ワイン
黒葡萄から作られ、ポリフェノールを多く含む。主な葡萄の種類は芳醇な高級赤ワインの代名詞であるカベルネ、フルーティなピノ・ノワールなど

ロゼワイン
赤ワインと同じ製法で果皮の漬け込み時間を短縮したもの。赤ワインと白ワインをブレンドするのは基本NG。

ワインベルト【wine belt】

葡萄の栽培に適した緯度30〜50度の地域を呼ぶ。年間平均気温が10〜16℃の地域で、日本もワインベルトにすっぽり入っている。

🟥 →コーヒー　　🟩 →ワイン

わがし【和菓子】

日本の菓子のこと。大福、饅頭、団子、羊羹、煎餅…など多種多様。白あんにコーヒーを混ぜたコーヒーあんなどもある。東京大学の構内には和菓子とコーヒーを楽しめる喫茶店も。

蒸し菓子

餅菓子

生菓子

水もの菓子

焼き菓子

一口菓子

ンゴンゴロ・コンベント
【Ngorongoro Covent Coffee Estate】

アフリカ、タンザニアの修道院のコーヒー園の豆でエキゾチックでスパイシーな香りと程よいコク、摘みたてのブラックベリーのような酸味が特徴。

194

『地元と遊びとコーヒーと』

森嵜 健

森嵜健（もりさき けん）

神奈川県出身
好きな食べ物…チョコレート、
フルーツ全般、和食
嫌いな食べ物…特になし
趣味…海あそび

道路を渡ればすぐ、海。独特のゆるやかな空気で人気の町・葉山にある隠れた？名店「THE FIVE ☆ BEANS」。店主の森嵜さん、妻のめぐるさん、可愛い子供達…海で遊び疲れた体をふわりと温めてくれるような、そんな店だ。とにかくサーフィン好きな森嵜さん、大学の農獣医学部を卒業後大手の冷凍食品卸会社に就職。研修時は様々な部署に配属され、変化に楽しみを感じたものの、少しずつ工業的な仕事に違和感を感じ退職。もともとアウトドア好きで、その後はパタゴニアで勤務しながら波と戯れる日々を送るも「いつかは地元・葉山で仕事時間の調整がしやすく自由で職人的な仕事をしたい」そう思い横浜の小さなコーヒー貿易会社に転職。裏方の仕事に携わることでコーヒーの出荷処理から経理まで広く学ぶ。その流れで COE の初代優勝豆に出会ったところ、あまりの美味しさに驚いたという。当時はスターバックス全盛期、スペシャルティコーヒーは入ってきてはいるもののなかなか情報がなく、自分で調べていくうちにどんどんハマっていった。貿易会社に 3 年ほど勤務し独立、最初のうちはパタゴニア時代のつながりから、アウトドアイベントで豆を販売したり、葉山のシーカヤック店の 2 階の

カフェバーでコーヒーを出しながら、少しずつ自分のコーヒーのお客がついてきて、自然と店を構えるようになった。店を持ちながらも様々なイベントに出店するのは今も変わらず。アウトドア関連以外にも、金沢のコーヒーイベントや葉山の加地邸の特別公開時に庭先で淹れたことも。美味しいコーヒーと安心できる笑顔の森嵜さんには自然と様々な場所から声がかかる。最近では時間を見つけ、一家で生産地を訪れることもあり、家族ぐるみで収穫の手伝いをしながらコーヒーへの思いや交流を深めていっている。「コーヒーの生産地は波の良い国も多いんですよ！」作っている人の顔を見れば美味しいかどうかわかってくる。趣味を、生活を、めいっぱい楽しんでいる森嵜さんのコーヒーは間違いなく、美味しい。

漆アーティスト（ナカジン美術）の友人が作ってくれたというコーヒー豆柄のサーフボード。よい波が来たときはめぐるさんが店に入ってくれたりと、理解のある家族。

THE FIVE ☆ BEANS
11am ～ 5pm （火曜、第 2・4 水曜定休）
240-0111 神奈川県三浦郡葉山町一色 2037
www.five-beans.com

INDEX 索引

参考文献

『コーヒーが廻り世界史が廻る──
近代市民社会の黒い血液』臼井 隆一郎／中央公論社
『珈琲完全バイブル』丸山 健太郎(監)／ナツメ社
『珈琲の教科書』堀口俊英／新星出版社
『珈琲の楽しみ方BOOK
──豆の選び方・挽き方、ブレンドの仕方がわかる』
田口 護／成美堂出版
『珈琲の大辞典』成美堂出版編集部
『コーヒー「こつ」の科学──コーヒーを正しく知るため
に』石脇 智広／柴田書店
『コーヒーの基礎知識～食の教科書シリーズ』／
エイ出版社
『なるほどコーヒー学』
金沢大学コーヒー学研究会(編)／旭屋出版
『みんなのコーヒーブック』／エンターブレイン
『BRUTUS特別編集
もっとおいしいコーヒーの進化論』／
マガジンハウス
COFFEE OBSESSION／DK Publishing
『鎌倉のカフェで君を笑顔にするのが僕の仕事』
堀内 隆志／ミルブックス
『美味しいコーヒーって何だ?』オオヤミノル／
マガジンハウス
『コーヒーの絵本』
庄野 雄治(著)、平澤 まりこ(イラスト)／
ミルブックス
『サードウェーブ・コーヒー読本』茶太郎 豆央／
エイ出版社

参考サイト

『ACE』
『AGF』http://www.agf.co.jp
http://www.allianceforcoffeeexcellence.org/en/
『UCC』http://www.ucc.co.jp
『全日本コーヒー協会』http://coffee.ajca.or.jp

おわりに

最初にコーヒーを飲み始めたのはいつだろう。

一番古い記憶は中学生のとき、「徹夜で勉強」するスタイルに憧れ

一人カッコつけて飲んだのを覚えている。

テストは眠くてさんざんな出来だった気がするが、

不思議な満足感はあった。

大人になってからはもっぱらカフェで、

一人のときも友達と一緒のときも

コーヒーの香りと心地よい雑音は私を癒してくれていた。

味はもちろん、コーヒーの持つ世界観が好きで

広く知りたいと思い、この本を書かせていただきました。

書き上げてもまだまだわからないことだらけですが、

魅力的なコーヒーと、それに携わる魅力的な人々、

その面白さを少しでも伝えられたら幸いです。

この本の監修を引き受けて下さった、日本のコーヒーギーク・村澤さん、

コラムを書かせて下さったパドラーズコーヒーの松島さん、加藤さん、

丸山珈琲の鈴木さん、THE FIVE ☆ BEANS の森嵜さん、

ポートランドでお世話になった早紀子さんとジョエルさん、

協力してくれた家族や友人たち、

そしてこの本を手にしてくださった皆様に、感謝をこめて。

山本拳

著者・山本加奈子（Yamamoto Kanako）

神奈川県出身。東京工芸大学デザイン学科を卒業後、イラストレーターの唐仁原教久氏に師事。現在はフリーランスでイラストや漫画、デザインなどを行う。著書に「マンガでわかるジャズ」。 https://note.com/yamamoto_kanako

監修・村澤智之（Murasawa Tomoyuki）

学生時代から書き続けているコーヒーブログ「琥珀色のウタカタ http://amberbubbles.com/ 」著者。社会人になってからは学習塾に勤務しながらコーヒーに関する知識と技能を磨くが、2011年の震災を機に「自分のやりたいことをやろう」と決意。代官山のコーヒースタンド『THE COFFEESHOP』で働く。2013年、同店の自家焙煎工場兼店舗「ROAST WORKS」では焙煎を始めとするコーヒーの品質管理に注力。「美味しいコーヒーで世界は幸せになる」と信じて、スペシャルティコーヒーの魅力を広めている。

珈琲にまつわる言葉を
イラストと豆知識でほっこり読み解く

コーヒー語辞典 第2版

絵・写真・デザイン	山本加奈子
協力（ポートランド）	瀬高早紀子
デザイン協力	野瀬 友子
作画協力	フジイカクホ、屋宜加奈美
Special thanks	NONINOKO、Ken Gondo

2015年5月14日　第1版　発 行　　　　NDC596
2021年2月5日　　　　　　第4刷
2025年4月28日　第2版　発 行

著　　　者　山本加奈子
監　　　修　村澤 智之
発 行 者　小川雄一
発 行 所　株式会社 誠文堂新光社
　　　　　〒113-0033　東京都文京区本郷3-3-11
　　　　　https://www.seibundo-shinkosha.net/
印刷・製本　TOPPANクロレ 株式会社

©Kanako Yamamoto. 2015　　　　　Printed in Japan

ISBN978-4-416-52515-9